Knaus

K

Erich Loest

Saison in Key West

Reisebilder

Einführung von Günter Kunert

Albrecht Knaus

Die Texte «Arzgebirg, wie bist du schie . . .», der zweite Teil von «Kraków und nahebei» und «Saison in Key West» sind in der im Postskriptum Verlag, Hannover, erschienenen Veröffentlichung des Autors, «Geordnete Rückzüge», vorabgedruckt worden.

Schutzumschlag: Klaus Detjen unter Verwendung
eines Photos von © Rudi Meisel/VISUM
Gesetzt aus Korpus Baskerville
Satz: LibroSatz, Kriftel
Druck und Bindung: Mohndruck
Graphische Betriebe GmbH, Gütersloh
ISBN 3-8135-0179-5
Printed in Germany

Inhalt

Einführung

Wohin auch immer wir reisen, wir suchen, wovon wir träumten, und finden doch stets nur uns selbst. Das ist eine Binsenweisheit. Jedoch: Es unterscheiden sich die Träume im Grad ihrer Intensität und somit in ihren realen Folgen stark voneinander. Ein geopolitischer Umstand beeinflußt sie ungemein: Wem das Hinausreisen aus dem eigenen Lande verwehrt wird, für den verwandelt sich die nie erblickte Welt in ein Sehnsuchtsziel, das ihn nicht zur Ruhe kommen läßt.

Es gehört zu den gängigen Irrtümern anzunehmen, Menschen gewöhnten sich daran, die Existenz einer Zimmerpflanze zu führen. Dafür sind wir nicht geschaffen, auch wenn wir irgendwo fest verwurzelt scheinen. Solche fragwürdige Verwurzelung wird uns erst recht bewußt, sobald wir von draußen auf den Ort zurückblicken, den wir mit einem Wort bezeichnen, welches keine andere Sprache als die deutsche kennt: Heimat. Sie nicht verlassen dürfen, kurzfristig oder auf Dauer, verändert sie zur Un-Heimat, zum Unheimatlichen bis zum Ungemütlichen und Unheimlichen hin. Dem in sie Eingesperrten entfremdet sie sich, obwohl sie ihn umgibt. Ein psycho-pathologischer Vorgang, den Millionen Menschen nur zu genau kennen und von dem auch Erich Loests Reise-Texte auf ihre Weise Zeugnis ablegen.

Für die Ungezählten, die, insbesondere in Westeuropa, dem Reisen verfallen sind wie einer Sucht, besitzt es nicht die gleiche Qualität, die es einstmals, etwa vor hundert Jahren, hatte. Damals reisten zu ihrem Vergnügen die Angehörigen einer minderheitlichen Oberschicht: Reisen war für sie die Fortsetzung des Salons, des gesellschaftlichen Ereignisses an einem anderen Ort. Die berühmten alten Hotelpaläste künden davon. Die anderen reisten «in Geschäften», also beruflich, oder, ging es gar nach Amerika hinüber, als Auswanderer in die Fremde; hinzu gesellte sich die kleine Schar von Abenteuerlustigen, die zeitweiligen «Aussteiger» jener längst vergangenen Epoche. Heute zeigt der Massentourismus einen fatalen Flucht-Charakter: Man will, sonnen- und amüsierhungrig, den Platz der alltäglichen Langeweile fliehen, die innere Leere mit Exotischem auffüllen. Daß solche Touren zur Erholung unternommen werden, ist eine Täuschung, auch eine Selbsttäuschung. Allgemeinplätze, ich weiß. Doch notwendig, sie auszusprechen, um die gänzlich anderen Motive, die so ganz anders geartete Perspektive eines Reisenden, des Autors dieses Buches nämlich, besser zu verstehen.

Ein Schriftsteller, der die DDR verläßt und in die ihm lange verwehrte Ferne zieht, erlebt sie anders als der niemals von Staats wegen am Reisen Gehinderte. Ihm bleibt, jedenfalls für eine Weile, die Kehrseite des Unternehmens, die Frustration erspart, am Ziel statt der erwarteten Phantasmagorie nur das eigene Ego anzutreffen oder einen Zustand, der dem früheren ähnelt. Für ihn, den ungeübten Globetrotter, strahlt die Erde noch im lichten Glanz der Neuheit, des erstmals Erschauten. Nur langsam stellt sich Gewöhnung ein, Normalität und damit die Erkenntnis, auch anderswo werde mit Wasser gekocht. Aber das braucht seine Zeit.

Wir, Erich Loest und auch ich, die wir, beschönigend

gesagt, schon jenseits unserer Jugendlichkeit ins Unbekannte aufbrechen durften, haben dabei Wunder erlebt, Wunderbares, das, wie alle Wunder, keineswegs allen Augen sichtbar wird. Für mich bestand es in einer Holzbude, in der ein Uniformierter hockte und mich beiläufig mit der Hand vorbeiwinkte, damit ich nicht stehenbliebe: Es handelte sich um eine Grenze, um einen Grenzposten, und das Unglaubliche daran ergab sich nur aus der Relation zu einer anderen Grenze, welche das exakte Gegenteil dieser menschenfreundlichen Markierungslinie zwischen Nationen bildet. Etwas von diesem Staunen, von diesem Verwundertsein entdeckt man in den Texten von Erich Loest.

Eine Schlüsselstelle scheint mir in der Beschreibung seiner Rheinfahrt auf einem Transportschiff zu stecken. Er spricht nämlich davon, wie die Schifferfamilie weder für die Rebhänge noch für die «Burgen stolz und kühn» einen Blick hat und für die vielen Rheinbrücken nun schon gar nicht. Diese eher nebensächliche Anmerkung entlarvt das Syndrom. Es spricht von unterdrückter Wehmut und unbewußtem Neid, von der verspäteten, viel zu späten Begegnung eines eindrucksfähigen Menschen mit einer geschichtsträchtigen Landschaft. Im Klartext sagt die Passage nichts anderes als: Ihr Bundesbürger hier, die ihr das alles habt, die ihr überall hinkönnt, die ihr euch nach Wunsch in der Welt bewegen dürft, für euch bedeutet das gar nichts mehr, während es für mich so etwas wie ein Lebenselixier darstellt: Sich an der Welt erfreuen, solange sie noch vorhanden ist.

Und ein weiteres Moment einer maßvollen Euphorie macht sich in diesen Schilderungen geltend: Der Schriftsteller, von seinen Reisen an den Schreibtisch zurückgekehrt, genießt seine Erlebnisse und Begegnungen ein zweites Mal, indem er sich erinnert und die ursprüngliche Stimmung, die Atmosphäre nun schriftlich aufs neue zu verlebendigen sucht. Loests Stärke sind weniger die Landschaftsbeschreibungen, weniger die Bilder andersartiger Natur als die Skizzierung von Personen, mit denen er zusammentraf.

Selbstverständlich unterliegt er als Sachse der unwiderstehlichen Affinität zu seinesgleichen: Eine erdumspannende, wenn auch mikroskopische Internationale. Sachsen ist stets auf zweierlei Weise präsent: Einmal als Gegenstand der Beschreibung, als Stoff und Thema, so daß man sich fast veranlaßt fühlt, Loest (im guten Sinne) einen «Heimatschriftsteller» zu nennen, ein andermal jedoch als Rückbezugspunkt der auf weite Strecken trostlosen Biographie.

Sieben Jahre Zuchthaus «bleiben nicht in den Kleidern hängen». Die Anfeindungen, Versagungen, Verleumdungen. Die tausend Ängste. Auch das grundiert das Reisen, und in Key West, wo ein westdeutscher Schriftsteller in Loests Alter vielleicht von Hemingways geschwundenem Ruhm spräche, von seiner literarischen Nähe zum Trivialen, reflektiert unser Reisender jenen Abschnitt der DDR-Kulturpolitik, während welchem jeder Autor, der nur den Hauch eines Einflusses von Hemingways Kürzelstil aufwies, «entlarvt» und fast zum Agenten des amerikanischen Imperialismus gestempelt wurde. Bis dann die Bücher des «Grand Old Man» in Moskau erschienen und die Kulturpolitiker plötzlich an Amnesie litten – im Gegensatz zu ihren Opfern: Elefanten und Schriftsteller vergessen nichts und nie!

Auch Erich Loest, wie viel zu viele Autoren, hat sein

Dasein partiell einem Phantom geopfert; er hat es sozusagen mit seinen besten Kräften, nämlich seinem Talent gefüttert, einen Moloch, der seine Protagonisten fraß und nun keine mehr hat.

Wir hätten eher abreisen sollen, Erich, wir wären zwar um wesentliche negative Erfahrungen ärmer, vermutlich aber an Welthaltigkeit reicher: Das wäre schon früher unserer Arbeit zugute gekommen. Freilich: Es kostet seinen Preis. Erich Loest hat, wie man den Texten leicht entnehmen kann, einen sehr hohen bezahlt, indem er seine Stadt verlor, der er, ich scheue mich nicht zu sagen: inniger verbunden war als beispielsweise ehemalige Bürger Berlins der späteren «Hauptstadt der DDR». Darum kommt Loest immer wieder auf die Stadt an der Pleiße zurück: «Ich hab's nicht versucht, nach Leipzig zu kommen in diesen fünf Jahren, obwohl das Heimweh manchmal plackte, kratzte und biß. In Gedanken wandere ich die Leninstraße hinaus, blicke in die Oststraße: In der Nummer 5 hing ein Vierteljahrhundert lang mein Türschild . . .»

Nach einem Vierteljahrhundert die Amputation. Ist sie gelungen? Ich zweifle daran. Man liest es nicht bloß zwischen den Zeilen: Wohin er auch gerät, es folgt ihm stets das Gespenst der Vergangenheit, der Schatten der eigenen Biographie, der hin und wieder verdüsternd auf die Dinge fällt, von denen wir hofften, daß sie uns von der Trivialität des Seins erlösen. Doch es erweist sich zum Schluß, daß wir unsere Illusionen vernichten, indem wir sie realisieren.

Immerhin wird solchermaßen das Reisen und das Beschreiben des Reisens zugleich zum klinischen Bericht über die Condition humaine. Und es bleibt die

Neugier, entsprechend dem Satz von Lacan, daß alle Befriedigung symbolischer Natur den Mangel immer neu ins Spiel bringe. Ihm abzuhelfen, gehen wir wieder auf Reisen, wissend, daß wir ihn niemals loswerden, ja, ihn nicht loswerden dürfen, da wir seiner als Antrieb bedürfen.

Günter Kunert

Rheinritt einer «Amazone»

Sechs Uhr am tristen Morgen, in kalter Dämmerung sollte ich am Rheinufer in Köln, vor einem bestimmten Lagerschuppen, ein wenig flußabwärts der Severinbrücke auf die «Amazone» klettern, so war es am Telefon ausgemacht. Unbedingt pünktlich, das Schiff könne nicht warten. Gegen vier stieg ich im Hauptbahnhof aus dem Zug, anders macht's die Bundesbahn nicht möglich, stärkte mich mit Gulaschsuppe und Kaffee und trollte mich rheinaufwärts. Aber da lag keine «Amazone», da lag so gut wie nichts. Verschlossene Schuppen, kein Mensch, kein Schwein. Ich schaute im Notizbuch nach: Es war der richtige Tag. Dann doch ein Wächter: Ja, das war die Severinbrücke, ja, das war dieser Lagerschuppen. Natürlich begann es zu regnen. Natürlich würde es nie hell werden. Ich sah mich schon im «Königshof», wo ich gern wohne, um ein Tagquartier bitten, mit den Männern an der Rezeption – alle aus Sachsen – mein Reportergeschick bejammern.

Da, sechs Uhr zwei, verlangsamte ein bergauf fahrendes Schiff das Tempo, wandte den Bug kaiwärts, blinkte ein Schweinwerfer auf. Zag hob ich die Hand. «Amazone» stand am Bug, alles war gut. Eine schlüpfrige Treppe schlich ich hinab, Hände streckten sich mir, der schwindligen Landratte, entgegen, zwischen Stein und Stahl gurgelte ein schrecklicher Meter Rhein. Dort mein kostbares Leben ... Aber da packten Schifferpranken den Koffer und mich, und gleich darauf war alles gut: Hoch oben in der Kabine saß ich, die «Amazone» nahm wieder Fahrt auf. Wie, ich hatte geglaubt, das Schiff ankere hier? Ein Mißverständnis. Sie war die Nacht durch marschiert, von Holland herauf. Ich lernte kennen: Anita Kübler, die Schiffersfrau, Georg Kübler, Schiffsführer und Schiffseigner, und Joachim Schumacher, Photograph – sehr angenehm.

Wohin des Wegs, wie geht's, wie steht's? Die «Amazone» hat in Rotterdam 1200 Tonnen amerikanische Steinkohle geladen, um sie zum Kraftwerk in Mannheim zu bringen. Kein anderes Transportmittel, erläutert Kübler, sei in der Lage, mit so wenig Arbeitskraft und so wenig Treibstoff eine solche Last über eine so lange Strecke zu schleppen. In Mannheim sollen die stählernen Abdeckungen beiseite geschoben werden, Greifer fassen in den Laderaum, ein kleiner Bulldozer kriecht schließlich in ihm herum und schiebt Reste zusammen. Dann wird ausgekehrt, die nächste Ladung könnte Getreide sein; Kies, Steine, Ton, Dünger, Salz, Erz, Maschinenteile, Autos gar hat die «Amazone» schon über deutsche, französische und niederländische Wasserstraßen getragen. Was danach geladen wird, weiß Kübler nicht. Das wird von der Partikulier-Transport-Genossenschaft an der Schifferbörse in Duisburg-Ruhrort ausgehandelt. Kübler ist Partikulier – das Wort kommt aus dem Französischen und gelangte übers Niederländische nach Deutschland, es deckt sich mit der Bezeichnung «Privatschiffer». Partikuliere sind mittelständische Unternehmer, rund 1800 verfügen über 1,4 Millionen Tonnen Laderaum der Binnenschiffahrt, 35 Prozent der Gesamttonnage. Fast alle Partikuliere steuern Motorschiffe; nur noch ganz selten, am ehesten am Niederrhein, trifft man einen Motorschlepper, der einen Kahn zieht, das ist dann, als ob man einer Dampflok oder einer Windmühle im Dienst begegnete.

Von der Zentrale und ihren Filialen aus werden Schiffe und Ladungen koordiniert. Der Genossenschaftspartikulier möchte sich nicht mehr um alles kümmern müssen, sondern sein hohes Betriebskapital so oft wie möglich einsetzen. Der Konkurrenzkampf, vor allem gegen die größeren Konzernschiffe, ist hart, die Ertragslage unsicher. Die Rezession hat auch hier zu Rückschlägen geführt: Da nicht mehr so viel gebaut wird, müssen weniger Baustoffe umgeschlagen werden. Ein kleiner Ausgleich ist durch den Vormarsch der Kohle gegenüber dem Öl erzielt worden. Ob es nun sinnvoll ist, amerikanische Kohle quer über den Atlantik zu fahren, weiß Kübler auch nicht. Die meisten Partikuliere in Deutschland gab es 1937, an die 9000, manche steuerten Schiffchen von 100 oder 200 Tonnen Tragfähigkeit. Der technische Fortschritt hat sie natürlich längst ausgeschaltet. Nur etwa die Hälfte der heutigen Partikuliere gehört einem Verband an, der größte Teil fährt unter langfristigen Verträgen für Reedereien und Transportbetriebe. Es gibt immer noch ein paar Schiffseigner, die alles auf eigene Faust machen, die letzten risikofreudigen Hechte.

Ich höre zu und befinde: Eine Traumreise. Als ich, noch DDR-Bürger, für ein paar Tage zu einem Messebesuch in Frankfurt/Main von der Leine gelassen worden war, hatte ich mir einen Kindheitswunsch erfüllt, später habe ich über L.s Extratour so geschrieben:

«Und dann blieb immer noch von seinem Staate freigegebene Zeit, den Rhein hinabzufahren. Da das Niederwalddenkmal, wer wußte schon, daß Schilling es entworfen hatte, ein Sohn Mittweidas, im Hause Schillingstraße 2 war L. geboren. RÜDESHEIM stand weithin sichtbar an einer Ufermauer. Weinberge und Burgen, und von den beiden Mitreisenden in seinem Abteil las einer die Zeitung, der andere schlief. Da hätte er sie am liebsten aufgescheucht: Was schaut ihr nicht hinaus, was glaubt ihr, wie sich die Leute in Bitterfeld und Jüterbog sehnen, nur einmal im Leben hier fahren zu dürfen! Der Mäuseturm, Kaub, hier war Blücher über den Rhein gegangen. Warum ist es am Rhein so schön? Wenn das Wasser im Rhein goldner Wein. Ich weiß nicht, was soll es bedeuten. Da war er nun, Deutschlands Strom, nicht Deutschlands Grenze, ihm immer wieder angetragen im Geschichtsunterricht, in der Literatur und im Lied. Ein schräggerippter Buckel, die Loreley, obendrauf die Bundesfahne. St. Goar und St. Goarshausen. Frachtschiffe, Fachwerk, graue Türme, Düsenjäger im Tiefflug zwischen den Hügeln, und immer wieder Weinberge, und er schaute und verwunderte sich: Sein Staat ließ ihn dieses Glück erleben, weil er sich auf die Hinterbeine gestellt hatte, und die braven Genossen blieben hübsch zu Hause.

Köln, die Masse des Doms drückte auf ihn, er spähte von allen Seiten hinauf, Dialog gelang nicht. Um drei Ecken ins Museum: Da stand er vor Kokoschka und Feininger, vor Warhol und Hopper, da wurde ihm bewußt, wie eng sein Blickfeld bisher gewesen war, was hatte er schon von der Kunst der letzten hundert Jahre im Original gesehen, und er begriff, daß ihm keine Reproduktion, daß ihm der beste Bildband nichts nutzte: Er mußte vor die Originale. Und die liebe vertraute DDR-Kunst, mußte er sie nicht ein Stückchen tiefer hängen?»

Seitdem bin ich dutzende Male mit dem Intercity

hier entlanggefegt und hab' auf die Schiffe hinuntergeschaut und zu den Burgen hinauf, in mir festigte sich die Überzeugung: Die schönste Eisenbahnstrecke in beiden deutschen Staaten. Was sonst in zwei Stunden vorbeiflog, wird diesmal in zwei Tagen zu beäugen sein. Kein Film, kein Bildband, kein MERIAN-Heft mehr: Vor mir das Original.

Diese Brücken! Wenn einmal aus ferner Zukunft auf die Architektur unserer Zeit zurückgeblickt wird, werden nur sie Bestand haben: Die großen Brücken, und besonders die über den Rhein. Dreiundvierzig Brücken hatten den Strom überspannt, nicht eine überlebte den Krieg. Die Severinsbrücke lag schon hinter mir, Gerd Lohmer hat sie gebaut, 589 Meter lang, mit einem A-förmigen Pylon, asymmetrisch auf dem linken Ufer, eine Hängebrücke mit mehr als 300 Meter langen Seilen. Dieses Schweben, Fließen, wenn die Brücken mit ihren Pfeilern, Fahrbahnen, Seilen über einen hinwegdrehen, ich erlebe es in Bonn und Koblenz, es wird sich wiederholen vor Mainz, zwischen Ludwigshafen und Mannheim. Stumm und schön. Keiner, der über eine Brücke fährt, kann sie so genießen wie der Schiffer, wie ich. Erich Hartmann – er begleitete mich in Key West und auf den Spuren Coopers – photographierte für MERIAN die Rheinbrücken, vier seiner Meisterstudien wurden gedruckt, die Hohenzollernbrücke Kölns von einem Standpunkt etwas über den Gleisen, in Längsrichtung, das Reiterdenkmal vor dem Dom. Die drei anderen von unten. Oh, die Friedrich-Ebert-Brücke in Bonn, die erste «Harfe», 1967 fertiggestellt und 520 Meter lang, Hellmuth Homberg ihr Schöpfer. Oh, die Kennedy-Brücke, auch sie in der Hauptstadt. Eine Brücke steht vor dem Bug im Dunst, wird groß, größer, schwingt über das Schiff weg. Ich denke an die Brücken der großen östlichen Ströme, die mit der Weichsel beginnen, an die Giganten von New York, von denen manche hundert Jahre alt sind, staunenswert: Das wurde geschaffen aus Stahl, genietet, das hält heute noch. Die Brücken des Rheins sind elegant, luftig, duftig, sie springen, fliegen über den Fluß. Aus den Harfen ihrer Halteseile erklingt Musik, da spielen ganze Orchester. Georg Kübler sagt: Im Grunde haben Sie recht; unsereiner sieht das schon gar nicht mehr. Denken Sie, ich blicke mal zu den Burgen hinauf?

Bonn. Das Steuern erscheint als Kinderspiel. Automatik regelt fast alles, die Zeit ist vorbei, da der Schiffsführer immerzu am Steuerrad stand. Auf hohem, gepolstertem Stuhl thront Kübler, er findet, früher wär's gesünder gewesen. Jetzt setzt er leicht Speck an. Seilspringen auf dem Achterdeck soll abhelfen. Die Schwere des Berufs liegt nicht mehr in der körperlichen Arbeit, sondern in ihrer Eintönigkeit. Sechzehn Stunden in einem Ritt, zwischendurch löst ihn seine Frau kurz ab. Hin und wieder ein Gespräch über Funk mit einem entgegenkommenden Kollegen, ein bißchen Flachs auch, doch Privatgespräche sind eigentlich verboten. Spannender geht es auf Mosel und Neckar mit den häufigen Schleusen zu, am wenigsten Abwechslung bietet das Fahren auf dem Niederrhein und in Holland. Ausgeglichene Gemüter sind gefragt. Kübler ist gesprächig, fröhlich. Es geschieht selten, daß er mal an Land mit Freunden und Kollegen zusammensitzen kann. Dann gehört er nicht zu den Stillen am Tisch.

Joachim Schumacher ist schon vor mir an Bord gekommen, er klagt über das diesige Wetter: Vielleicht ist seine Reportagefahrt für die Katz, womöglich muß er sie bei hellerem Himmel wiederholen. Wieviel besser ist doch da der Wort-Reporter dran: Er kann bilderreich schimpfen über Regen und Wind, kann einem Orkan noch seine dramatischen Seiten abgewinnen, seine Arbeit findet ihren Abschluß am stillen, heimischen Schreibtisch beim aufmunternden Kaffee. Was ein Photograph nicht in die Dunkelkammer bringt, kann er dort nicht entwickeln. Schumacher lotst mich nach vorn in unser Quartier, die Wohnung im Bug. Zwei Wege sind möglich, einer über die stählernen Abdeckplanken, der andere seitlich am Schiffskörper entlang, ein paar Zentimeter über dem Wasser, und wenn der Wind von der Seite drückt, schwappt auch einmal eine Welle herauf. Ob ich schwimmen könne, fragt Kübler vorsorglich. Haltegriffe. Ein Kettchen als Geländer. Der Rhein gurgelt neben mir. Also durch, Schritt für Schritt. Als ich vorn bin, nehme ich mir vor, meine Gedanken zusammenzunehmen, daß ich nicht, weil ich eine Kleinigkeit vergessen habe, andauernd vor und zurück muß.

Hier kampieren wir, Schumacher und ich. Das ist eine richtige kleine Wohnung mit Küche, zwei Zimmern, Klo und Dusche. Ein Schiff dieser Größe, so will es die Vorschrift, muß dreifach bemannt sein. Kübler hat Schwierigkeiten, den Dritten zu finden. Die Unregelmäßigkeit der Arbeitszeit und der ständige Ortswechsel schrecken ab. Selbst bei drückender Arbeitslosigkeit bleiben in der Binnenschiffahrt Plätze leer. Dabei steht die Wohnung im Vorschiff mietfrei zur Verfügung, und vom Gehalt bleiben monatlich 2000 Mark netto übrig. Und noch etwas: Die Bundeswehr stellt Binnenschiffer in aller Regel vom Dienst zurück. Man möchte meinen, daß dieser Umstand auf manchen jungen Mann anziehend wirken könnte. Ein Dreivierteljahr lang fuhr ein junger Afrikaner von den Kapverden mit, Küblers rühmen ihn als fleißig und höflich. Aber er bekam Magenbeschwerden, vielleicht vom Heimweh. Nun ist er wieder unter südlicher Sonne.

Die geräumigere Wohnung des Schiffseigners liegt am Heck, Worte wie Kajüte würden falsche Vorstellungen erwecken und sind auch nicht gebräuchlich. Küblers besitzen Wohn-, Schlaf- und Kinderzimmer, Küche, kleines Büro, Bad mit Wanne und Klo, Waschmaschine und Trockenautomat. Hier sind sie zu Hause, sie haben keine Bleibe an Land. Ein wenig niedriger als gewohnt sind die Zimmer, und während der Fahrt dröhnt der Dieselmotor herein.

Roswitha Kübler stammt auch aus einer Schifferfamilie, acht Kinder waren sie. Ihre jüngste Schwester, sagt sie, sei ebenfalls mit einem Schiffer verheiratet und habe sogar einen offenen Kamin im Wohnzimmer. Beim Anlegen steigt Roswitha Kübler ins Führerhaus hinauf, und während ihr Mann am Bug dirigiert, schaltet sie auf Vor- und Rückwärtsgang. Manchmal, auf übersichtlichen Strecken, sitzt sie für zwei Stunden am Steuerpult, ihr Mann schläft dann hinter ihr auf einer Bank. Unten in der Wohnung fände er keine Ruhe, er möchte sofort zur Stelle sein, wenn Not am Mann ist.

Remagen. Hierher wollte ich seit vierzig Jahren, wo die amerikanischen Truppen über eine Eisenbahnbrücke stürmten, deren Sprengung den Deutschen mißlungen war. Um den Brückenkopf, den ersten auf dem Ostufer, tobten später wochenlang Kämpfe, Hitler ließ durch ein Standgericht fürs Debakel verantwortliche und nicht verantwortliche Offiziere erschießen. Schumacher fragt: Was war da los? Ich biete einige Brocken, er zuckt die Schultern: Nie gehört. In der Schule hat er mehr von den alten Römern als von den neueren Deutschen erfahren, über den Vertrag von Versailles sind sie nicht hinausgekommen. Links das steile, rechts das flache Ufer, von dort waren die Amerikaner heruntergestiegen, die Brücke im Blick, die verwunderlicherweise noch immer stand, ihnen vermutlich um die Ohren fliegen würde. Dann waren sie losgerannt, auf die Rampe hinauf, da hatte die Brücke immer noch gestanden, ziemlich ramponiert zwar. Timmermann, Delisio und Sabia lauten die Namen derer, die sich auf die Planken wagten. Alle Berichte strotzen von MG-Feuer, MP-Garben, Flakbeschuß von der Höhe herunter; Scharfschützen hockten in den Türmen. «Alex Drabik, der bohnenstangenlange, schlaksige Metzger aus Ohio mit dem ewig schüchternen Lächeln, wurde vor den Türmen von der Explosionswucht einer Granate auf die Planken geworfen. Er verlor dabei seinen Stahlhelm», so steht es in einem Bericht. Dieser Stahlhelm erwies sich am Ende als der einzige Verlust; keiner der Brükkeneroberer trug auch nur einen Kratzer davon. Die Deutschen: Als kampferfahrene Scharfschützen zeigten sie erstaunliches Stehvermögen. Bloß: Sie trafen nicht. Gaukelte die Erregung den Stürmenden ein Chaos vor, das es gar nicht gab? Oder haben Kriegsberichterstatter nachträglich «etwas aus der Sache gemacht»?

Im Führerhaus der «Amazone» sitze ich ungefähr in der Höhe, von der aus die US-Panzerfahrer auf Fluß und Ufer blickten, als sie die Pontonbrücke querten. Aus dem Brückenkopf brachen sie schließlich aus in Richtung Frankfurt, Buchenwald und Leipzig. Die Hitlerdeutschen hatten ihre letzten Flugzeuge angreifen lassen, hatten mit Kanonen hinter und auf die Brücken geschossen, es hatte ihnen nichts genutzt. Treibminen und Froschmänner waren abgewehrt worden. Die Brücke hat keiner wieder aufgebaut; in einem der steinernen Türme ist ein Museum eingerichtet, obendrauf weht die US-amerikanische Flagge. In den siebziger Jahren wurden überflüssige Steine numeriert und verkauft, vom Gewinn ein Ehrenmal errichtet. Remagen, ein Ort gräßlicher Geschichte.

Viele Rheinbilder sind möglich. Heinrich Böll hat geschrieben: «Mein Rhein ist ein Winterrhein, der Rhein der Krähen, die auf Eisschollen nordwestwärts ziehen, den Niederlanden zu, ein Breughel-Rhein, dessen Farben Grüngrau sind, Schwarz und Weiß, viel Grau, und die bräunlichen Fassaden der Häuser, die sich erst wieder auftakeln, wenn der Sommer naht; der stille Rhein, der noch elementar genug ist, sich die Emsigkeit der Hermes-Anbeter für einige Wochen wenigstens vom Leibe zu halten und souverän sich selbst beherrscht, nur Vögeln, Fischen und Eisschollen sein altes Bett überläßt.» Einmal hab' ich für drei Tage im November in St. Goar pausiert, da hatten neun Zehntel aller Gaststätten geschlossen. Es war diesig und windstill, im Wirtsraum wurden Heizkörper geschweißt, ich hatte meinen Platz nahe der Küchentür, daneben spielten die Wirtskinder Mensch ärgere dich nicht. Auf der anderen Rheinseite, in St. Goarshausen, schepperte ein kleiner Rummel mit zwei Karussells und sieben Buden, er war für die Einheimischen bestimmt, die endlich mal unter sich waren. Dort stieg ich am Hang hinauf, gleich hinter der Kante begannen ganz normale Felder, in ihnen lag ein ganz normales Dorf. Zwei Kilometer nur, und nichts deutete hin auf Wasserweg und

Weinberge, auf weiße Dampfer zur Sommerszeit und Gejuchze. Die Burgen stehen ja auch alle am halben Hang. Dort oben wachsen Zuckerrüben und Weizen, die Kühe geben Milch brav nach Brüsseler Quoten.

Hinter Koblenz wird der Rhein erst richtig zum Rhein, dem vielbesungenen. Vorher noch macht das Versorgungsschiff «Johannes» seitlich fest und fährt so lange mit, bis Roswitha Kübler eingekauft hat. Wie ein kleiner Markt ist das Schiff eingerichtet, man kann sogar mit einem Wägelchen hindurchfahren. Gemüse und Fleisch, Bier und Milch werden ergänzt. Am nächsten Morgen kommt bei St. Goar ein Lotse an Bord und bringt frische Brötchen mit. Während er das Schiff durch die Biegungen bis Kaub steuert, kann Kübler frühstücken. Im Grunde braucht man einen Lotsen heutzutage nicht mehr, aber als Ablösung ist er immerhin nützlich. Ein bißchen Nostalgie schwingt mit, außerdem will man den Mann nicht gänzlich aus seinem Erwerb stoßen: So nüchtern und nur auf Gewinn bedacht ist die Partikulierschiffahrt nun doch nicht.

Unter Umständen wäre Georg Kübler mit seiner «Amazone» auch noch die Nacht durchgefahren, den Blick auf dem Radarschirm. Wenn ihm von seiner Genossenschaft mitgeteilt worden wäre, daß in Mannheim ein Stau beim Entladen drohte, hätte er nicht oberhalb von Koblenz Anker geworfen, sondern die ihm erlaubte Steuerzeit von 16 Stunden hintereinander ausgeschöpft. So stieg er zu seiner Frau in die Wohnung hinunter, aß Abendbrot, schaute ein bißchen fern, nachdem er die Antenne gerichtet hatte. Früh um vier war er wieder auf den Beinen.

Die Rheinfahrt durchs Gebirge bis zum Binger Loch hat noch immer ihre Tücken. Gegen wechselnde Strömung muß angegangen werden, und gerade in den Morgenstunden drängen sich die Schiffe, manchmal sind es zehn oder zwölf auf einer zu überschauenden Strecke. Beim Überholen gibt es Sogprobleme, ein Schiff kann das andere förmlich festhalten, bei Gegenverkehr seitlich nicht ausweichen. Schiffe, die für den gleichen Konzern fahren, helfen einander, und ein Schubverband ist eben kräftiger als ein kleineres Europaschiff. Mit manchen Kollegen stimmt sich Kübler über Funk ab, andere spricht er gar nicht erst an. An den Ufern liegen die berühmten Weinorte mit ihren puppigen Fassaden, oben die Burgen – für eine der schönsten Flußstrecken der Welt hat Kübler keinen Blick. Zu oft ist er hier gefahren, und für romantische Gefühle bleibt keine Zeit: Wieder ein tief im Wasser liegender Schubverband auf Talfahrt, ein Schlepper mit einem Schiff am Haken drückt mit doppelter Energie von hinten, da muß er Fahrt wegnehmen, hält sich gegenüber dem Ufer nur noch im Schritt-Tempo, und das alles kostet Dieselkraftstoff, also Geld. Einen Schiffer von heute packt nicht beim Anblick der Loreley wildes Weh, sondern an der Tankstelle.

Zum letzten Mal treibt Kübler seine «Amazone» oberhalb von Kaub auf volle Kraft, pro Stunde schluckt der Motor jetzt 200 Liter. Das Binger Loch ist seit zehn Jahren aufgesprengt, die Schubschiffahrt machte es nötig. Felsbarrieren wurden nach sachkundiger Berechnung geräumt, damit nicht zu viel Wasser abflösse und bergwärts neues Unheil entstünde. Jetzt können dort mehrere Schiffe nebeneinander fahren. Dahinter strömt das Wasser friedlicher, Kübler kann auf Schongang schalten. Noch ein Tag bis Mannheim.

Das Schiff wurde 1928 von Großvater Kübler gebaut, damals kostete es 62 000 Reichsmark, die waren zu erwirtschaften gewesen. Der Alte überstand die Weltwirtschaftskrise, später mußten Schiffe schwimmen für den Sieg. Der Vater schickte im Frühjahr 1945 den Vernichtungstrupp der Wehrmacht, der es eilig hatte, noch einmal davonzukommen, mit dem Versprechen fort, seinen Besitz selber auf Grund zu setzen; dann montierte er sorgsam die Sprengladungen aus. Die Schleppschiffahrt wich der Motorschiffahrt, 1976 baute Sohn Georg das Schiff zum vorletzten Mal um, jetzt ist es 80 Meter lang und 9,50 Meter breit, kann 1314 Tonnen laden und hat 900 PS im Bauch. Wenn es nach der neuesten Überholung wieder aus der Werft kommt, wird es ein Mittelstück von 20 Meter dazubekommen haben, Ladungsvermögen und Treibstoffverbrauch stehen dann in günstigerem Verhältnis: Ein Privatschiffer von heute muß jede Chance nutzen. Damit, sagt Kübler, habe er dann den alten Stahlkörper aus Großvätertagen ausgereizt.

Der Wortreporter steckt seinen Notizblock ein, daheim wird er's richten. Der Bildreporter beschränkt sich trübselig am trüben Morgen aufs Kleinklein des Schiffsalltags: Roswitha Kübler hängt auf dem Hinterdeck Wäsche auf, Kübler beim Seilspringen, denn beim stundenlangen Sitzen sind ihm die Beine eingeschlafen. Später in Mannheim: Das Auto wird mit dem Kran ausgeschwungen, die Kübler-Kinder kommen für ein paar Stunden an Bord. Jetzt schwimmt die «Amazone» auf breitem Rhein geruhsam auf Mainz zu, Aufregung und Anspannung sind vorbei. Für eine Viertelstunde darf sogar der Photograph ans Steuer; mein Ehrgeiz ist solcherlei nicht.

Küblers Kinder, die zehnjährige Martina und der

sechs Jahre alte Richard, leben in Mannheim im Schifferkinderheim. In den Ferien fahren sie mit, manchmal treffen die Eltern sie an einem Wochenende oder an einem freien Tag. Auch Roswitha Kübler ist im Schifferkinderheim aufgewachsen. Ihr Richard habe so wunderschöne lange Wimpern, sagt sie, und natürlich hätte sie ihn am liebsten immer bei sich. Wenn er an Bord ist, fährt er mit seinem Dreirad auf dem Ladedeck friedlich im Kreis; es ist besser, daß er dabei eine Schwimmweste trägt.

Über den Partikulier hat Hermann Jäger, führender Mann der Genossenschaft, geschrieben: «Der besondere Reiz seines Berufes liegt in der Führung des eigenen Schiffes, mit der alle nautischen, technischen und kaufmännischen Herausforderungen verbunden sind. Hieraus erwachsen jene besonderen Bindungen zum eigenen Schiff, aufgrund derer Söhne und Töchter sein werden, was die Eltern sind und die Vorfahren seit Generationen waren – Partikuliere.»

Georg Kübler wiegt den Kopf: Was seine Kinder anlange, möchte er diese Frage offenhalten. Unter den heutigen Bedingungen sei es Narretei zu glauben, er könnte das Geld für einen Neubau erwirtschaften, das heißt an die zwei Millionen Mark, und irgendwann müsse die «Amazone» ja ausgemustert werden. Ob seine Kinder dann als Angestellte auf anderen Schiffen fahren wollen oder sich für einen bequemeren Beruf an Land entscheiden, möchte er ihnen überlassen.

Auf dem Kinderbett nebenan wartet indessen auf den kleinen Richard sein Lieblingsspielzeug: ein Schiff.

Mit Goethe im Norden

Da stock' ich schon. Sollte ich nicht wenigstens schreiben: «Goethe»? Natürlich war der Olympier niemals in Skandinavien, er hat es auch kaum mit der Seele gesucht. «Mir läuft die Welt unter den Füßen fort, und eine unsägliche Leidenschaft treibt mich weiter.» Und zwar nach Italien. Ich bin in meinen Richtungen nicht festgelegt.

«Mit dem Goethe-Institut in Dänemark und Finnland» müßte dieser Beitrag eigentlich heißen. Aber ich habe so oft gehört: «Ich bin seit sechsundzwanzig Jahren bei Goethe.» – «Hab' bei Goethe in Indien angefangen.» – «Der ist auch goethegeschädigt.» – «Mal sehen, wo mich Goethe noch hinschickt.» Da ging es mir leicht über die Lippen in Turku: «Bei Goethe in Helsinki hat man mir gesagt . . .» Ich wurde intensiv goethebetreut.

Und gut! Karin Thorsen aus dem Institut in Kopenhagen hatte den Reiseplan festgelegt, mit Kontaktadressen und Telephonnummern, hatte Bahn- und Flugscheine besorgt. So rollte ich Osnabrück–Hamburg–Flensburg–Fredericia–Aarhus, schaute auf Kühe und regennasse Weiden und in den Brief von Professor Leif Ludwig Albertsen: «Ich werde mich bemühen, Sie Sonntag abend abzuholen, auf dem Bahnsteig unten, dort, wo am Ende die Treppe hochläuft: 48/165, Goldbrille. Falls ich aus irgendeinem unvorhergesehenen Grund nicht da stehe – aber schauen Sie ruhig erst ein paarmal nach! –, gehen Sie aus dem Hbf. über die Straße, links am Platz entlang, wieder über die Straße, geradeaus zur SAS hinüber, dort rechts ab, 20 Meter zum Hotel. Wir werden Sie dann am Montag kontakten. Falls Sie die Anschlüsse beim Umsteigen verpassen, jedenfalls in Fredericia müssen Sie vermutlich den Bahnsteig wechseln, 3 oder 4, kommen Sie . . .»

Aber L.L. Albertsen harrte an der Treppe, 48/165 mit Goldbrille, und brachte mich über die Kreuzung. Wir tranken ein kleines Begrüßungs-Tuborg, und er erzählte, daß er ein Jahr lang in Leipzig studiert habe, daß die Universität Aarhus seit Jahrzehnten bemüht sei, deutsche Autoren aus Ost und West hier lesen und sprechen zu lassen, und ich entsann mich, in Leipzig noch davon vernommen zu haben. Wer im einzelnen war hier? Ich hörte vertraute Namen, Leipziger, Berliner, Bundesdeutsche, die, der. Nur *ein* Geladener kehrte stehenden Fußes um, er war am Bahnhof nicht abgeholt worden, denn seine Kontaktperson war plötzlich erkrankt. Hans Mayer mochte solche Schmach nicht hinnehmen.

Am nächsten Morgen besichtigte ich Aarhus. Wenn es einem richtig gutgeht, muß man das auch zugeben. Ich könnte ja gerade in lärmiger Fabrikhalle Drähte zusammenlöten müssen, sann ich, oder am Tropf hängen. Statt dessen spazierte ich an einem hellen Werktagmorgen durch Aarhus, unter mir «Den gamle By», eine Ansammlung würdiger dänischer Häuser, auf dem Lande abgebrochen und hier zusammengefügt zu einem Städtchen. 1909 wurde anläßlich einer Landes-Ruhmausstellung damit begonnen, seither ist manches hinzugekommen. Gepflegt alles, puppig, hier wird gute alte Zeit beschworen, von dieser hygienischen, alle Armut, den Hunger und die Kindersterblichkeit ausschließenden Echtheit, die Touristen entzückt. Es war außerhalb der Saison; besser als Disneyparadies aus Plastik, befand ich, und wieviel lieber wäre ich jetzt in einem lebendigen Städtchen gewesen. Da strömten zwei Busladungen Schaugierige geballt ein, die Photolinsen blank, und ich floh auf den Parkhügel hinauf zur malerisch hingestellten Windmühle, wo Gärtner beschilderte Beete in Schuß hielten. Unten Folklorelehrpfad, oben lateinische Namen an jedem Busch.

Essen Sie gern Fisch?, fragte der Professor, als er am Nachmittag seinen Gast kontaktete. Und ob! So stiegen die beiden in einen Fischkeller und wählten zwei Trumm Dorsch von einem Tier, das am Morgen noch geschwommen war, dessen Fasern nicht durch Tieffrost, noch nicht einmal durch Eis malträtiert worden waren. Frischer ging's nicht – aber vor die Labsal war Arbeitsmüh gesetzt, und so trat der Goethe-Reisende vor einem Dutzend Zuhörern auf, Uni-Angestellte allesamt, kein Student darunter. Achselzucken: Vor ein paar Jahren wurden hier 200 Deutschlehrer ausgebildet, gegenwärtig sind's noch acht, und die waren zu einer Sonderanstrengung nicht zu motivieren gewesen und daheim geblieben. Tja, sagte einer, vielleicht wird in einem Jahr die Bude zugemacht. Ich las die beiden Schwimmhallenszenen aus «Es geht seinen Gang», das tat ich vor sechs Jahren noch in Leipzig und drumherum, bis mich keiner mehr einladen durfte, das gleiche praktizierte ich später von Husum bis Ulm. Sofort kamen Fragen nach dem DDR-Alltag, der Identifikation der Bürger mit ihrem Staat, da glitten mir druckfertige Satzfolgen über die Zunge, weidlich dargeboten nach Lesungen und in Debatten: Die DDR-Bürger vertrügen es nicht, wenn der Onkel aus dem Westen übers nicht ganz so elegante Badezimmer spottete, über die Stinkfahne aus dem Auspuff des Trabant, da fühlten sich die DDR-Menschen madig gemacht, rückten zusammen und verteidigten sich und sogar den Staat, den zu kritisieren sie eben noch bereit gewesen waren. Ich kann mir selber zuhören dabei, aber was hilft's: Wenn ich mir wohlvertraute Probleme aufwerfe, darf ich mich über bekannte Fragen nicht wundern. Hier war ich der Bote aus einer bizarren Welt. Ein erprobtes Scherzchen ...

Auf eignem Herd sott der Professor den Fisch im Kräutersud, Butter schmolz er und hackte Petersilie, er tischte auf mit Weißbrot und Mildwürzigem, ohne Konservierungsmittel in kleiner Senferei gemischt. Die Gabel tippte nur an, schon fielen weiße Fischbrocken von der Gräte. Butter drüber, was soll das Kaloriengerede. Bier dazu, ich würde doch die kargen, teuren Weinbestände des Hausherrn nicht strafen. Solches Mahl könnte kein Hotelkoch bieten, fachsimpelten wir, er müßte aus Kalkulationsgründen wundersame Naturprodukte aufmotzen, damit die Kasse stimmte. Wir gönnten's uns: Fisch satt. Die Mägen schloß ein sanft geräucherter, lockerer Käse, der am Tag der Fertigung gegessen werden sollte in seiner jungfräulichen Frische, schon am zweiten Tag verlöre er an Aroma. Zwei Männer prosteten sich zu, die mit sich zufrieden waren. Zum Schluß griff der Professor zur Zigarre. Jaaa, und Sie haben Franz Fühmann gekannt?

«Von der Etsch bis an den Belt» hab' ich gesungen als Jungvolkjunge, damals in der Schulaula. Großer und kleiner, dazu der Sund, so hatten wir's gelernt, hießen die Ostsee-Ein- und -Ausgänge. Belt reimt sich auf Welt, wäre es anders, hätte der Dichter Glücksburg, Klixbüll oder Braderup lyrisch genutzt. Unten im

Schiffsbauch lag mein Koffer im Gepäcknetz des Eisenbahnwaggons, oben an Deck stand ich in Sonne und Wind. Goethe macht's mir möglich, befand ich und pries meinen Beruf, vergaß die Lehr- und Leerjahre, von Wanderschaften zu schweigen, wollte nicht an Lektoren und Zensoren, an Einpeitscher und Einstampfer erinnert sein, konnte mich als Lustreisender fühlen, der Inselchen und Schiffchen musterte. Da schwamm bauchig und stattlich die Schwesterfähre entgegen, auch in ihr lümmelten jetzt Übersetzer in Sesseln und aßen Mitgebrachtes oder Smörebrod vom Selbstbedienungsbuffet. Auf und ab ging ich im sanften Wind, gedachte der Knastenge vor Jahren: Pendeln wird immer Erinnerung wecken; jetzt sind's siebzig Schritte in Seeluft und nicht sieben im eigenen Mief. Ach, ich habe gerade einen überlebt, der mich damals in den Knast trickste, Siegfried Wagner, den sie in der DDR als stellvertretenden Kulturminister gekippt haben und der nun Direktor der Wartburgstiftung ist. Ein Verwaltungsschreibtisch als Voralterssitz, der ist doch so gut wie abgestorben, und ich spaziere auf dem obersten Deck und pfeif' mir eins.

In Kopenhagen an die fünfzig Hörer im Goethe-Institut. Ich las aus «Völkerschlachtdenkmal» eine sarkastische Stelle, lauschte, ob das erste Glucksen, Kichern klang. Eine stattliche Frau, die Arme über der Brust verschränkt, fragte sofort, nachdem ich geendet hatte, ob ich da nicht die DDR über Gebühr herabgesetzt hätte, ich würde doch allerlei aus meiner alten Heimat durch den Kakao, wenn nicht in den Schmutz ziehen? Da reagierte ich wachsam, KP-Ranküne wähnend, ich hätte ja noch vergleichsweise Mildes geboten, und schilderte, was im Buch außerdem stünde: Die

Sprengung der Universitätskirche im Jahre 1968 wäre durchaus nicht ausgelassen, eine der drei erhaltenen mittelalterlichen Kirchen Leipzigs wäre damals zerstört worden aus einem einzigen Grund: Ulbricht wollte es nicht ertragen, daß an dem Platz, der den Namen Marxens trüge, ein Gotteshaus stünde. Da fragten zunächst einmal andere, dann mischte sich die der DDR Wohlgesonnene wieder ein: Wie es denn stünde mit meiner Staatsbürgerschaft, und wie es denn wäre mit meinem Heimatgefühl, man könnte doch nicht schlicht über Bord werfen, was man in Jahrzehnten erlebt hätte, oder? Wäre denn nicht Leipzig meine Heimatstadt, fühlte ich nicht *Verpflichtung*? Das war schlau gefragt, ich mußte achtgeben, daß ich nicht auch nur eine Nuance zu schildern vergaß: Vor 1953, entwickelte ich, wäre ich mit DDR und SED konform gegangen, aber nach dem 17. Juni wären Differenzen geklafft, ich hätte mehr und mehr zu denen gehört, die sich die Regierung, um Brecht zu variieren, nicht gern als Volk gewählt hätte, Streit um die Machtform hatte es gegeben und schließlich Abschied von Parteibuch und Freiheit. Keinen Grund hätte ich, mich von meiner *Heimat* zu distanzieren, von Verwandten und Freunden, meinem sanften Dialekt und dem göttlichen «FC Lokomotive Leipzig», dem geliebten Steinbruch von Ammelshain, meinem Schwimmparadies, und dem Zschopautal bei Mittweida. Aber! Und mit meiner Staatsbürgerschaft wäre das so: Im März 81 reiste ich aus mit einem Visum, das mir einmalige Ein- und Ausreise gestattete innerhalb von drei Jahren. Ein Kölner Journalist nannte das kalte Ausbürgerung. Als die drei Jahre zur Neige gingen, bat ich die Ständige Vertretung der DDR in Bonn, man möge mein Visum verlängern, aber mir wurde keine

Antwort. Nun wäre ich DDR-Bürger mit einem Paß, der bis 1991 gelten würde. Aber der wäre ein wertloses Stück Papier, grau wie der Friedensvertrag von Münster und Osnabrück oder das Potsdamer Abkommen. Bundesbürger wäre ich dank großmütigem Grundgesetz natürlich auch, wäre es vom ersten Tag an gewesen, Steuerzahler sogar seit der ersten Stunde. Benutzer der Wahlurne. Es führe kein Weg zurück nach Leipzig und Mittweida, für diesen Paß gäb's keinen sächsischen Pfifferling. Schlußwort und dankender Beifall schließlich. Ehe wir uns zu Scholle mit Krabben trollten, stand ich neben der Dame, die mit mir den ganzen Abend über nicht zufrieden gewesen war. Wir lächelten uns zu. «Mir scheint», sagte ich, «daß Sie ein recht enges Verhältnis zur DDR haben.» Stolz auf Parteibuchtreue klang mit, als sie entgegnete: «Durchaus!»

Dann widerfuhr es mir, daß Kümmelschnaps geboten wurde, ich lehnte ab: Vertrag' ich so schlecht. Na!, rief einer, da sind Sie in Finnland übel dran! Da hängen Sie sich am besten ein Schild um den Hals, auf dem das draufsteht, sonst müssen Sie pausenlos Ihr Sprüchlein herbeten! Sofort prophezeite mir ein anderer die schlimmste Durststrecke: In Finnland sei ja aller Alkohol so schrecklich teuer, jeder Finnlandaufenthalt bedeute blanke Entziehungskur! Dann, ich nehme es vorweg, verlief in Finnland alles ganz normal: Ein bißchen Bier, ein bißchen Wein, von einem Goethemenschen in preisgünstigerem Land im Duty-free-shop erworben. In übler Vor- und Nachrede sind die Skandinavier, ich sollte es noch merken, untereinander einfallsreich: Finnen wollten mir weismachen, ein rechter norwegischer Norweger aus Norwegen stapfe tagaus, tagein, in einen Norwegerpullover gehüllt, durchs norwegische Gebirge, wobei er ununterbrochen die norwegische Nationalhymne summe: «Ja, wir lieben dieses Land.» Abgesehen davon, meint der Finne, sei der Norweger ziemlich schmuddelig. Und Dänen und Norweger zusammen halten jeden Finnen für einen potentiellen Messerstecher.

Eine Kette von Augenblicken, jeden einzelnen möchte man bitten, er möge verweilen, denn er sei so schön: Dem Goethereisenden geziemende Gedanken. Ein bißchen Schweden, Wolken, während die Stewardessen das Mahl aus der Folie verteilten, dann klare Sicht: Unten die Schären, die Finnland vorgelagert sind, Inseln und Inselchen und Felsen, Klippen, ein Stein, der mal gerade aus dem Wasser ragt. Dunkelgrün der Wald, lila Farne und Moose. Dann verfestigt sich das Land, bis es zum Festland wird, die Sicht reichte aus für hundert Seen. Eine Stadt, eine Eisenbahnlinie, da veränderten die Triebwerke ihren Ton, Klappen schoben sich aus den Tragflächen, die Maschine segelte Helsinki entgegen. «Ladies and gentlemen», das Übliche. Lächelnd standen die Stewardessen am Eingang, wie's der Brauch.

Goethechef von Finnland ist Berthold Dobieß, er entwand dem Anreisenden den Koffer, verstaute, chauffierte durch Wald und Hausgesprengsel. Wo die Straße durch Hügel schneidet, klafft Fels, dem man die Härte ansieht. Seen und Tümpel auch hier, jedem Finnen seine eigene Badeklippe. Die Häuser verdichteten sich, da ein Turm, von Photos und Briefmarken bekannt: Der Finger des Olympiastadions. Nicht weit die Finlandia-Halle, weiß und schon an einem See, aus dem eine Fontäne spritzt. In Helsinki ist nichts weit, wenn man die Kernstadt meint, nicht das besiedelte Gebiet herum mit mehr als einer Million Einwohnern, das das schlimme Wort «Ballungsraum» nicht verdient mit seiner Lockerung durch Wasser und Wald.

Finlandia-Halle, Alvar Aalto hat sie gebaut, wer sonst. Er hat Flächen gebrochen, dahinter vermutet man Treppen, Nischen, das ist nicht der alte Bauhaus-Funktionalismus und keine Zierbäckerei, wirkt erhaben und freundlich zugleich, würdig und doch nicht abweisend. Hier trafen sich Helmut Schmidt und Erich Honecker und unterzeichneten das Abkommen von Helsinki, das Rechte schafft und sie gleich wieder einschränkt, das zum Beispiel für ausreisewillige DDR-Bewohner etwas brachte, worauf sie pochen zu können meinten, aber die unteren Behörden, die sahen das nicht immer so. Schwebezustände wurden geschaffen, aber besser ist's zu schweben und nicht genau zu wissen, wo die Hängematte festgezurrt ist oder ob sie ein Loch hat, als platt auf dem Boden zu liegen. In Körbe war das Abkommen aufgeteilt, und ich hab' mir das immer vorgestellt wie in einer Kaufhalle: da der Korb eins mit den preiswerteren Waren des täglichen Bedarfs, Radiowellenbereichen etwa und Postabkommen, Korb drei barg die teuren langlebigen Güter, Rechte auf Aus- und Rückreise etwa, und dann lagen noch angestaubt und fest verschnürt im obersten Regal diverse Pakete, auf einem entzifferte ich: «Selbstbestimmungsrecht der V . . .», der Rest war nicht zu erkennen. Ich stellte mir vor, wie der kleine Saarpreuße aus der Halle trat, ein Körbchen am Arm, ein paar Pakete darin hatte er aufgeschnürt und nicht recht wieder in die Form gebracht, aus einem anderen rieselte etwas. Da ging er nun dahin, nicht recht wissend, ob ihm nicht ein Fisch angedreht worden war, der ein wenig stank. Fürs Wechselgeld hatte er sich Bonbons geben lassen, vielleicht konnte er sie noch mal brauchen, wenn die Situation sauer würde. «Bis bald!» rief er Schmidt zu und lüftete das Hütchen, und der Bergedorfer zeigte sofort alle Zähne.

Ein Gast des Leseabends in den Goetheräumen stammte aus Bad Brambach/Sachsen. Er war gleich bei mir und erzählte fröhlich und heftig, wie er hierhergekommen sei: Durch Heirat, das sei nicht allzu schwierig gewesen, denn Finnland gegenüber gibt sich die DDR moderater als gegenüber jedem anderen westlichen Land; Suomi wird belohnt für seine vorbildliche Rolle bei der so schwierigen Koexistenz. Und, sagte er, seine Frau habe beträchtliche Beziehungen zur finnischen Diplomatie. Nein, er habe keine Sehnsucht nach daheim, sei geschwisterlos, Briefverbindungen zu Freunden seien zusammengebrochen. Seine Eltern hätten ihn zweimal besucht, und seinen letzten Urlaub habe er in der Bundesrepublik verbracht. Noch sei er Bürger der DDR, mache davon aber keinen Gebrauch. Unser Sächsisch intensivierte sich bei jedem Satz.

Ich bot Stücklein aus «Völkerschlachtdenkmal», dann erzählte ich vom Verhältnis der Sachsen zu den Preußen seit altersher. Die Hälfte der Anwesenden waren Deutsche: Lehrer, das Goethepersonal komplett, Zugeheiratete. Ein kleiner, alter, jüdischer, österreichischer Emigrant, wurzelloser umgetriebener Kommunist, mischte sich immer wieder disziplinlos in die Debatte, alle waren freundlich zu ihm, man kannte ihn schon. Ja, wir Sachsen haben uns immer unterbuttern lassen. Und jedesmal, wenn wir mit den Österreichern verbündet waren, haben wir gegen die Preußen verloren. Das letzte Mal bei Königgrätz, da haben die Sachsen tapfer den k.u.k.-Rückzug gedeckt. Mein Österreicher freute sich.

Morgen wird's schwierig, warnten mich Direktor und Lehrerin der Deutschen Schule. Sie klärten mich auf: 1930 war sie gegründet worden, da hatte sie Hindenburgschule geheißen. In ihr lernten Kinder der bundesdeutschen Kolonie, auch mal ein österreichisches oder holländisches Bürgerlein, DDR-Sprößlinge hätten sich nicht eingefunden – Gesamtdeutsches duldeten die Genossen auch hier nicht. In den unteren Klassen lernten Deutsche und Finnen getrennt, später mischten sie sich, dann mußten auch Outi-Kaisa und Jaakko sich auf Deutsch mit Mathe und Chemie stopfen lassen. Finnenkinder, bauten Direktor und Lehrerin vor, seien zurückhaltend, man wüßte nicht, ob sich die deutschen Schüler vorwagen würden. Ich sollte mich bitte nicht auf Fragen verlassen – unter solchen Umständen, weiß ich, können anderthalb Stunden verflucht lang sein. Aber dann wurde alles ganz anders. Im Treppenhaus gefiel mir ein Plakat: «Hallo, wir sind die Kleinen!» Photos der Schulanfänger waren angezweckt, von Kaarle, Pälvi und Hans-Christoph. «Uns übersieht man so leicht, rennt uns nicht um und denkt daran, daß auch ihr mal klein wart!» Dann mein Alptraum: Zweihundert Kinder in weiter Aula, auf einsamem Podium ein Mikrophon – da muß ich hinauf. Ich kenne das von ostdeutschen Erweiterten Oberschulen und westdeutschen Gymnasien her, da preßten die Lehrer, obwohl mir die Höchstzahl von fünfzig zugesichert worden war, auf eigene Freistunde erpicht, so viel Schüler wie nur möglich hinein, da war dann Geflirte und Geflüster immerzu, das Mikrophon funktionierte sowieso nicht, keine Ahnung hatten die Schüler, was denn da geschehen sollte, denn natürlich war wieder mal nichts vorbereitet worden, und so zappelte sich der Dichter oben ab, und das blasierte Gymnasiastenvolk lehnte sich zurück: Soll der uns gefälligst motivieren, der Löns oder wie er heißt. Dazu hab' ich nicht die Nerven, dem gehe ich tunlichst aus dem Weg. Hier konnte ich nicht kneifen – also hinauf, der Direktor begrüßte mich warm und witzig, ich erzählte, was ich getrieben habe und treibe in Ost und West, und dann kamen sofort die ersten Fragen, die nächsten wuchsen aus dem Gefragten heraus, ein paar waren vielleicht von schlauen Lehrern vorprogrammiert: «Herr Loest, was halten Sie von Russen und Amerikanern?» Ich lehnte ab: Darüber müßte ich zwei Bücher schreiben, das wäre nicht mit ein paar Worten zu klären. Wie die finanzielle Lage der Schriftsteller in der Bundesrepublik und der DDR wäre, das wüßte ich hingegen genau: Wer in der DDR nicht meint, unbedingt über Mauer und Leistungssport und Staatssicherheit schreiben zu müssen, wer sich mit gängigen und gangbaren Themen befaßte – dabei müßte er durchaus nicht auf jeder Seite rote Fahnen schwingen –, der hätte's hübsch warm und lebte ruhiger als der ebenso begabte, ebenso fleißige Kollege im Westen. Ich las eine Schulgeschichte, veröffentlicht in Ost und West, und siehe da, sie war auch in Finnland verständlich, auch hier gibt es Leistungsdruck und Gerangel um den Aufstieg in der Schulhierarchie. Dann war die Zeit auf einmal um, und keine Minute war öde und peinlich gewesen, und ich sagte's dem Direktor: Eine solche Mischung von Disziplin und Munterkeit wünsch' ich mir immer, vielleicht ließe ich mich dann doch gelegentlich beschwatzen, auf meine alten Tage in Schulen aufzutreten. Ach, lieber nicht.

Nichts ist weit in Helsinki, also zum Hafen hinunter durch einen gestreckten Park mit Straßen und Palästen zu Seiten, mit Bänken inmitten und Denkmälern, einem Café aus den Zeiten, da diese noch aus Kristall und Gußeisen gebaut wurden mit geschwungenen Dächern, die zu Wiener- und Musette-Walzer passen. Von weitem schon sah ich die weißen Schiffe mit den Bugmäulern, aus denen Autos, von Kiel und Stockholm herangebracht, herausrollen. Am Kai hatten Fischerkähne festgemacht, die von den Alandinseln kamen, sprottenkleine Fische in Würztunken wurden angeboten in Plastikbüchsen und Eimerchen, am Rande balgten sich Möwen um Dorschköpfe. Zwei heruntergekommene Gestalten mühten sich, ihren schwertrunkenen Kumpel abzuschleppen, er entglitt ihnen immer wieder und fiel aufs Pflaster; Passanten blickten traurig aufs traurige Schauspiel. Dann fuhren Polizeiautos an, junge Polizisten bugsierten den alten Penner hinein, während dessen Freunde beharrlich beteuerten, das wäre doch unnötig, sie würden's schon mit ihm schaffen. Man brauchte kein Wort finnisch zu verstehen, um dieser Bettleroper folgen zu können. Die Polizisten mühten sich, dem Alten nicht weh zu tun, sachte legten sie ihn auf eine Decke und breiteten eine zweite über ihn. Hoffentlich geht's auf dem einsamen Weg über den Polizeihof in die Zelle nicht rabiater zu.

Die stattlichsten Paläste stammen aus der Jugendstilzeit, auch der Bahnhof, dem in Stuttgart nicht unähnlich in seiner klaren Wucht; auf dem Turm trägt er eine grünspanüberzogene Kupferhaube anstelle des Sterns. Auch hier wurde eine Fußgängerzone unter den Vorplatz gewühlt mit Rolltreppen und Geschäften, von hier aus startet die bisher einzige U-Bahnlinie; es wurde lange gestritten, ob es nötig sei bei den irrsinnigen Kosten, sie durch Granit zu sprengen.

Der Zug nach Turku stand auf Gleis vier.

Finnland ist überall dasselbe. Wald, Feldstücke, See, Häuser hineingesprenkelt. Jedes Haus steht für sich, Dorfstrukturen sind nicht zu erkennen. Hier möchte ich nicht wandern, um nach zehn, zwanzig Kilometern zu fragen, ob ich mich nicht im Kreis gedreht habe. Allerdings: Pilze jede Menge. Herbst war es, die Birken hatten fast alles Laub verloren. Kein Mensch zu sehen. Ein Sturm, und alle Äste würden blank sein; wenn tags die Sonne schien, biß nachts der Frost in die Wälder.

In Turku saßen zwei Dutzend Mitglieder eines deutsch-finnischen Freundschaftsvereins um eine Tafel und speisten Lachspastete – bißchen viel Pastete, bißchen wenig Lachs. Bei der Vorstellung wurde erwähnt, ich hätte ein Ehrenamt im Schriftstellerverband, ich berichtigte, es sei ein Arbeits-Amt. Gleich wurde gefragt, wie denn das Verhältnis zwischen den beiden deutschen Verbänden wäre, insonderheit zwischen mir und Hermann Kant, dem Präsidenten der ostdeutschen Seite. Wir haben, sagte ich, uns schon ganz schön auf die Köpfe gehauen, aber als ich gewählt wurde, ließ Kant verlauten, natürlich würde er mit mir reden, wenn etwas für den Frieden dabei herausspränge, schließlich sei er ein politischer Mensch. Und als die Verbandsspitzen tatsächlich berieten, waren wir beide höflich und korrekt wie Strauß und Honecker auch, nur leider kam nicht das Geringste dabei heraus, weder für berufliche Kontakte, noch für den geschätzten Frieden, denn zu noch einer Erklärung, daß wir lieber keine oder weniger Raketen hätten, mochten wir uns nun doch nicht versteigen: Bei den bisherigen Appellen hat ja auch keiner auf uns gehört.

Die Debatte zerfaserte, auf der anderen Tischseite redeten die Gäste miteinander einheimisch. Man war wohl nicht nur gekommen, um mich zu hören, sondern auch, um einander zu sehen. Elf Jahre, sagte mir eine Finnin, habe sie in Düsseldorf in der EDV gearbeitet, nun sei sie heimgekehrt; irgendwann sollte ja jeder mal in seine Heimat zurück. Die Deutschen, sagte sie, seien so freundlich zu den Finnen, warum nicht auch zu Italienern und Türken? Gäbe es positive Vorurteile? Einen Bonus schon, räumte ich ein. Alles so sauber, probierte ich, und fair, und Nurmi. Das Land der tausend Seen. Die frischen, hellen Möbel. Birkenhaarwasser. Tapferes, kleines Heldenvolk. Die Finnin nickte, das alles zusammen müsse es wohl sein.

Wieder fuhr ich Zug, Finnland vor den Fenstern wie gehabt. Jyväskylä – das spricht sich leichter als man denkt, ich hab' im Zug geübt – ist Provinzhauptstadt von 70 000 Seelen dort, wo Finnland seinen Bauch hat, am Nabelpunkt, es besitzt eine staunenswerte, blitzend neue Bibliothek, die mehr sein soll und ist: kultureller Mittelpunkt, Treffpunkt. Die Treppen, Hallen, Galerien, Bücherspeicher und Leseplätze gehen ineinander über, alles ist offen, durchschaubar, das Haus kennt nur drei Farben: das Weiß aller Wände, Pfeiler und Decken, das Grün des Efeus und der Hängepflanzen und das Gelbbraun der Möbel, finnisch-hell wie erwartet. Sprachlabor und Kaffeestube, Phonothek und Photolabor, dieser Saal und jenes Räumchen – nur einen nicht gar so strahlenden, mehr gemütlichen Platz für eine

Schriftstellerlesung mit Sesseln und Leselampe, schummrig in den Ecken, hat man vergessen. So saß ich am kahlen Dozentenpult, meine Zuhörer begnügten sich mit Schülerholz. Wie wir zueinander stünden, wurde gefragt, die aus der DDR gegangenen Schriftsteller und die gebliebenen, ob denn da wechselseitiger Groll sei, Bitternis. Nicht über einen Kamm könnte man die DDR-Schriftsteller scheren, antwortete ich, es gäbe die staatstreuen, die uns des Verrats zeihten, Hermlin und Neutsch und Genossen. Aber die anderen, die mehr Normalen – da würde mancher Gruß getauscht. Jeder, der gegangen wäre, hätte sich tausendmal gefragt, ob er nicht besser bleibe, und jeder Bleibende hätte hundertmal die Versuchung gespürt, den Krempel hinzuschmeißen. Jeder wüßte, daß solch ein fürs Leben entscheidender Schritt – ohne die Möglichkeit des Rück-Schritts – Dutzende von Aspekten hätte, nichts wäre von stählernem Glanz, weder das Ausharren noch das Kofferpacken, und keine Seite fühlte der anderen gegenüber den Stein der Weisen in der Tasche. Vor der Lesung und dazwischen und danach fummelten Besucher und Hausmeister an Schaltern und Hebeln, denn einem kleinen Lautsprecher an der Decke entströmte zarte Musik, und keiner fand heraus, wie man die zum gänzlichen Verstummen brächte. So war das Dichterwort untermalt von verhaltenem Hintergrund-Abba-Sound.

Im Nebensaal, wie es sich so traf, feierte die DDR ihren 35. Geburtstag. Professor Günter Wirth, ein Mann der DDR-CDU, hielt die Festrede, dreißig Besucher waren über die Sitzreihen gesprenkelt. Keine Silbe, die ich nicht erwartet hätte. Nicht nur Goethe bündelt die Einsätze, und so sprach Wirth vorher an anderen Plätzen über das Blühen christlicher Verlage in der DDR sowie über das Schaffen Heinrich Bölls. Beim ersten Thema pries er verblüfften Zuhörern die Toleranzbreite des Arbeiter- und Bauernstaats, beim zweiten bewährte er sich auf seinem Spezialgebiet. Nachdem Wirth die finnische und die ostdeutsche Koexistenzpolitik sowie die gegenseitige Achtung beider Völker weidlich gewürdigt hatte, wurde edel musiziert: Das Kammertrio Berlin vereint Bariton, Gitarrendame und Flötist, sie boten gemeinsam und getrennt Händel, Newsider, Telemann, Brahms und Villa-Lobos und schlossen mit dem Friedenslied von Eisler und Brecht. Als es am Ende für die Darbietenden rote Nelken gab, die Nationalblumen der DDR, fühlte ich mich fast wie zu Hause.

Das Goethe-Institut hatte mir die Flugkarte nach Oslo besorgt: Ein Gläschen Schampus gab's zum Mahle aus der Verpackung, das beflügelte, ich schaute hinaus auf die graufleckige Wolkendecke, und aus den Ohrgängen kroch ein Wurm und ließ in mir Wörter und Töne klingen: «Über den Wolken muß die Freiheit wohl grenzenlos sein». Ich überlegte, welche Lieder mich schwitzen und frösteln machen, durch die Haut ins Gemüt dringen und den Verstand partiell außer Kraft setzen. Dieses Lied von Reinhard Mey gehört dazu, wenn's aus dem Radio kommt zur Rasierzeit oder irgendwann, dann lausche ich auf Wort und meisterlich arrangierten Ton, da hilft keine kühle Warnung, daß ich wohl Schlagerraffinement aufsitze. So geht's mir auch bei «Komm lieber Mai und mache», gesungen von einem Kinderchor, und ich kann mich nicht wehren, indem ich zu lästern versuche, jeder Provinzschreiber würde für die Stimmchen das Adjektiv «glockenhell» strapazieren. Denn im Knast saß ich mit einem, den sie wegen handfester Spionage zu lebenslangem Zuchthaus verurteilt hatten, acht Jahre hatte er hinter sich und seitdem sein Töchterchen nicht gesehen. Dieses Lied klang aus dem Stationslautsprecher, mein Kumpel drückte das Ohr an die Tür, und bei der Zeile: «Ich möchte ja so gerne ein Veilchen wiedersehen», krachte er auf den Zellenboden. Das dritte Lied schließlich: «Die Ballade vom Rohrleger Freddy Roßmeisel», und die muß mir Wolf Biermann – ich komme um das Wort nicht herum – *dereinst* am Grabe eigenmündig singen und eigenhändig spielen. Da fällt mir rechtzeitig ein: Bis dahin ist ja der Wolf alt und grau geworden, achtzig ungefähr; wenn er nicht mehr bei Stimme und bei Gitarre sein sollte, holen meine Urenkel die schlimmschöne Weise eben von der Kassette.

In Oslo stand Karl-Heinz Kemmner am Flughafen, seine Frau hatte er mitgebracht. Mittag war kaum vorbei, der Himmel klar, also hinauf zum Holmenkollen über der Stadt, wo man das Skispringen erfunden hat, diesen seltsamen Sport für ein paar hundert Wagemutige auf der Welt und Millionen von Zuschauern. Frau Kemmner war nicht nur freundliche Staffage, sondern unverzichtbar, denn der Goethe-Resident darf nicht Autofahren seiner abgebrauchten Augen wegen, und der Goethe-Gast hat es nie gelernt. Also rasch in die Stadt hinein und aus ihr heraus und in Serpentinen hinauf, da stauten sich auf der Gegenfahrbahn die Autos derer, die ihren Sonnenmittag da oben schon hinter sich hatten. Sonne ist knapp in Oslo, man muß sie nutzen. Und dann standen wir an den Schanzen und dem Denkmal eines guten Königs und schauten über

Bucht und Stadt auf vorgelagerte Inseln und Wasserfurchen nach Süden, die draußen in die offene See münden, wie wir wußten, wenn wir es schon nicht erkannten, und ich vermutete, daß hier wohl alle deutschen Männer meiner Generation dasselbe fragten, ich fürchtete, Kemmner argwöhnte es schon, und dann fragte ich doch: «Sagen Sie bitte, wie weit ist die ‹Blücher› damals eigentlich gekommen?» Vom Überfall Hitlerdeutschlands auf Norwegen war die Rede, der Schwere Kreuzer «Blücher» jagte mit Volldampf den Fjord herauf, was jeder Seekriegsregel widersprach, in einer Enge wurde er kalt erwischt und versank ohne Gegenwehr. Das, antwortete Kemmner, habe sich weiter draußen abgespielt, von hier aus könne man die Stelle nicht sehen.

Das ist fünfundvierzig Jahre her, aber vergessen ist es nicht. In allen Buchhandlungen lag eine neue achtbändige Serie: «Norwegen im Zweiten Weltkrieg» ganz vorn in den Schaufenstern. Vor ein paar Jahren noch, hörte ich, konnte es passieren, daß Deutsche auf der Straße aufgefordert wurden, sich gefälligst nicht gar so laut zu unterhalten, sie seien nicht als Besatzer hier. Die traditionelle Freundschaft zu Deutschland war zu arg enttäuscht worden durch Hitlers Überfall und die Besatzungsjahre und die Strategie der Verbrannten Erde bei Kriegsende, die den Norden verheerte. Wunden beleidigter Liebe brennen in einem Menschen ein Leben lang, im Leben eines Volkes schmerzen sie noch nach Generationen.

Oslo ist zu überschauen von hier oben, und mein Gastgeber erklärte: Dort am Hafen das Rathaus, an dem fast zwanzig Jahre lang gebaut wurde, bis es 1950 fertig war, es ist reich mit norwegischer Kunst ausgestattet:

viel Kunst an und im Bau. Da das Schloß, von hier aus schwer zu erkennen. 460 000 Menschen leben in Oslo. Der Hafen, der Flugplatz, zwei Bahnhöfe. Und da die Festung Akershus auf einer Klippe über dem Hafen, begonnen im 13. Jahrhundert, das Älteste weit und breit. Ich lauschte auf Kemmners Dialektanklang – Schwabe ist er, das war nicht schwer zu ermitteln, und die Frau ist Französin, in Lyon hat er sie kennengelernt, als er dort fürs Goethe-Institut organisierte. Viel herumgekommen?, fragte ich, und Kemmner nickte: Es langt.

Zeit, vor allem Helligkeit, sollte genutzt werden, und Kemmners drängten: Ein Freilichtmuseum mit Holzhäusern aus allen norwegischen Gegenden mußte ich sehen, wer weiß, wie lange es geöffnet war. Aber wir kamen rechtzeitig hin dank beherzter französischer Fahrweise, und dann sah ich: Stall aus Baumstämmen, anderthalb Meter hoch höchstens, für die Schafe, Grasdach darauf. Grasdächer überall, sie hielten am wärmsten. Bauernhäuser aus dieser und jener Provinz, einzimmerig, manche auf Stelzen. Manche mit Doppelwänden, man konnte Heu zwischenstopfen. In solchen Häusern haben die Leute noch vor fünfzig und achtzig Jahren den Winter überdauert an irdenen Öfen, in denen Torf glomm. Und dann das Glanzstück, eine Stabkirche aus dem 12. Jahrhundert. Hier und da mag eine Schindel erneuert worden sein, doch fast alles ist echt, uralt, und ich stand und staunte: Wie leicht hätte die Kirche angesteckt werden können von Söldnern und Räubern, von Säufern und vom Blitz, aber sie ist erhalten geblieben, diese eine. Man darf nicht hinein, Schilder mahnen: Man soll sich ihr mit einer Zigarette nicht einmal nähern. «Sie müssen wiederkommen», sagte Kemmner, und zählte auf, was es in Oslo noch zu sehen gibt: das Edvard-Munch-Museum, das Kulturzentrum Hovikodden, das von Sonja Henie gestiftet wurde, dem Eisstar, den die Berliner «Häseken» nannten. Und natürlich den Vigelandpark.

Aber ich war ja nicht zum Spaß hier. Am Abend im Goethe-Institut las ich abermals aus «Völkerschlachtdenkmal»; zu meinen einführenden Worten gehörte, daß ja auch Norwegen vom Ausgang der großen Leipziger Schlacht betroffen wurde, «wie Sie alle wissen»; ich war mir der Anbiederung bewußt. Die Schweden, sagte ich, standen auf der Seite der Sieger über Napoleon und wurden, so war es der Brauch damals, mit Land belohnt, mein armes Sachsen hingegen, wie üblich bei den Verlierern, wurde von den Preußen arg beschnitten. Im Frieden von Kopenhagen, 1814 war das, «wie Sie alle wissen», wurde Norwegen zu Schweden geschlagen. Also, und nun schmeichelte ich mich meinen Zuhörern geradezu an den Hals, haben Norweger und Sachsen ein Stück gemeinsame Geschichte.

Die Institutsbelegschaft war natürlich vollzählig, dazu wer hier wohnte an deutschen Kaufleuten, Ingenieuren, Universitätsdozenten und Austauschstudenten. Von norwegischer Seite Professor der Germanistik und Deutschlehrer, Literaturinteressenten ganz einfach, und sie nahmen mich als einen merkwürdigen Boten aus einer fremden Welt – DDR, da war noch fast keiner, ziemlich seltsam erscheint ihnen schon, was sie darüber gehört haben. Nun sind bekanntlich wir Sachsen überall, in der Diskussion nahm mir eine fröhliche junge Frau viel Arbeit ab: Meine Osloer Sächsin stammt aus Dresden, in Greifswald studierte sie nördliche Regionalwissenschaft, so heißt eine Mixtur aus Sprache, Geschichte, Wirtschaftskunde und Geographie, sie lernte ALLES über Norwegen, und als ein leibhaftiger norwegischer Norweger auftauchte, kannte Wißbegier keine Grenzen: Sie ließ sich flugs davonheiraten. Nun gab sie handfest Auskunft übers Alltägliche in der DDR, über Freundschaften und Vorsichten, über Spitzelei und Tricks, sich trotz Zensur und Schnüffelei die westlichen Bücher zu beschaffen, die man heiß begehrt. Manchmal klang's mir reichlich forsch nach Indianerspiel und Pfadfinderei, aber die Temperamente sind verschieden. Ich schüttete ein wenig Wermut ins Sprudelwasser, war mit einem immerhin zufrieden: Larmoyanz – «ach, was mußten wir leiden in der Zone!» – kam so nicht auf. Stumm, ein wenig ausgetrocknet wirkend, saß neben meiner Landsfrau deren norwegischer Gatte. Ich zweifelte keinen Augenblick, wer in dieser Ehe die Latzhosen anhat.

Dann Brötchen und Wein wie üblich, wir beredeten den nächsten Tag, man brachte mich ins Hotel, und ehe ich einschlief, wurde ich eines Taus gewahr, das neben dem Fenster fest eingelassen und dessen Zweck offensichtlich war: Wenn's brennt, kann ich die Taurolle hinauswerfen und mich hinabhangeln. Weise gedacht. Im Eindämmern, da mir Blick aus dem Flugzeug und vom Holmenkollen, Frage nach der DDR-Staatsbürgerschaft und der Seriosität eines gewissen Dichters Hermlin durch den Kopf gingen, stieg aus dem Gedächtnisuntergrund eine Melodie auf, Textfetzen fügten sich: Evelin Künnecke kündete um 1950 herum von einem Mann, der von einem Schloß auf einer Klippe aus zu angeln versuchte, da hieß es: «Doch nie hing ein Fischlein daran», und endete: «Die Schnur reichte nicht bis ins Meer.» Mein letzter Gedanke: Hoffentlich reicht das Tau bis in den Hof.

Aber es brannte nicht in dieser Nacht, am dienstfreien Vormittag stiefelte ich, wie mir geheißen, in die Stadt hinab, immer dem Gefälle nach, da kam ich am Schloß vorbei, vor dem ein einzelner Posten stapfte. Hundert Meter weiter an einer Parkecke waren Kommen und Gehen, keiner blieb lange, Worte und Händedrücke wurden gewechselt, und ich konnte mir denken, daß im Händedruck was drin war, ein Päckchen, ein Geldschein – hier wieselte und wirbelte ein kleiner Drogenumschlagplatz; da machte ich, daß ich weiterkam, umrundete das Rathaus und besah Schiffe und saß auf den Festungswällen und schaute über Wasser und Wolken und ließ (so Tucholsky) die Seele baumeln, und dann hatte ich meinen Pressetermin.

Kjell Olaf Jensen war mir sympathisch auf den ersten Blick, schwer, freundlich, mein Jahrgang. Er war vorbereitet, wie es jeder Interviewer sein sollte, und fragte vorinformiert in meinen Lebenslauf hinein. Seine Wohnung fand ich angefüllt mit Büchern, Bildern, Kleinoden und Kleinigkeiten, Kostbarkeiten und Krimskrams, man hätte schauen und fragen mögen, aber wir waren Profis in dieser Stunde, für jeden von uns war sie abgemessen. Das Verhältnis zwischen den Schriftstellerverbänden in beiden deutschen Staaten, Substanzverlust und -gewinn bei einer Übersiedlung – und wie war das, wenn so viele Schranken und Fesseln fielen, und trat nicht womöglich – mit aller Vorsicht gefragt – Unsicherheit ein, wenn plötzlich alle sagten: Mach doch, was du willst? «Ser man pa verdenslitteraturen in dag, finnes det to store geografiske omrader som . . .» Nein, natürlich fragte er in bestem Deutsch, so las sich seine Frage zwei Tage später in «Morgenbladet», «Jeg skonner hva De mener. Det er riktik . . .» Es gäbe zwei vorherrschende Literaturräume zur Zeit, gab K.O. J. vor, den osteuropäischen von der Elbe bis zum Ural, und den südamerikanischen; ob ich meinte, die *Unterdrückung* dort befördere die Entstehung von Literatur? Darüber hätte ich mich gern schweifend verbreitet, hätte mit dem Frager gemeinsam die Frage zurechtgerückt und nach Beispielen und Gegenbeispielen gesucht, aber hier war knappe, verkürzte Aussage am Platze. Mit dem Mann hätte ich lange reden und was trinken wollen dabei, ich wäre ja so gerne noch geblieben, aber der Wagen der Französin rollte gewiß in der nächsten Viertelstunde heran, also noch ein paar Sätze über Fühmann, der tot ist und fehlen wird an allen Kanten, über Fries und de Bruyn, und dann, im Hinausgehen, gewahrte ich auf einem Bord im Flur eine Hitlerbüste.

Etwas mehr als faustgroß war sie, vermutlich aus Gips und braun angestrichen. Seit vierzig Jahren hab' ich keine mehr gesehen, aber mit einem Schlag besann ich mich, daß in meiner Jugend überall Hitlerbüsten standen, gipsern und groß in der Schulaula, mächtig und bronzen am Eingang eines Parks, und besaß ich nicht auch eine ganz kleine? Ein Führerchen, zeigefingerlang und aus einer Masse, die Elastolin hieß, konnte sogar den Arm bewegen, es nahm die Parade meiner Spielsoldaten ab. Hitlerbüsten überall. Die meisten wurden 1945 zerkloppt, aus Angst vor fremden Soldaten. Ich komme in vielen Häusern herum, aber eine Hitlerbüste sah ich noch nicht mal bei jemandem auf dem Klo, noch nicht einmal der makaberste Scherz scheint damit möglich. Dieser untadelig demokratische Norweger, dachte ich, darf dies Ding hinstellen, der kann's verkraften.

Mit Kemmner ging ich durch den Vigelandpark, dieses Gesamtkunstwerk. Bäume, Wege, Teiche, Rasenflächen können gar nicht schöner sein, aber Gustav Vigeland hat seine Plastiken hineingestellt, und da sind zwiespältige Gefühle denkbar. Im Zentrum ragt eine aus 121 Leibern gebildete Säule, ein Monolith, siebzehn Meter hoch. Der Park ist angefüllt mit einer Unzahl von Plastiken: Frauen und Männer in allen Haltungen und Verrenkungen, gemeißelt von diesem Rastlosen, der am Ende seines Lebens nur noch flüchtig arbeiten konnte angesichts dessen, was er noch bewältigen wollte. Nahebei im Vigeland-Museum sind dazu 1650 Skulpturen, 3700 Holzschnitte und 11 000 Skizzen versammelt. Stimmt es, daß der Nazi-Statthalter erwog, das alles nach dem Endsieg zu verschiffen und nahe Bayreuth wieder aufzubauen und dem Führer zu schenken? Oder ist das ein niederträchtiges Gerücht, sich blähend aus Mißbehagen? Ein Hauch von Breker über allem.

Noch ein wenig Zeit blieb, über die Goethe-Menschen von heute zu plaudern. Es klingt natürlich verlockend: Fünf Jahre hier, vier dort, mal Südamerika, dann Orient, Skandinavien – ein Traumberuf? Schon. Und: Man hat ja gewußt, worauf man sich einließ, damals. Neugier war gefragt, Lust aufs Ausprobieren eigener Pfiffigkeiten, Wandlungsmöglichkeiten. Goethe schlaucht, sagte einer. Nun sind die Aktiven der ersten Stunde in die Jahre gekommen, kennen alles, auch die Schattenseiten. Die Ehefrau muß mitspielen, sonst geht gar nichts. Alte Rollenverteilung ist in Kraft: Goethe-Damen sind Singles: Ehemänner, den Spuren ihrer Frau folgend und den eigenen Beruf zurückstufend, kommen praktisch nicht vor. Und dann die Kinder. In

Indien geboren, in Neuseeland eingeschult, in Dänemark zum Gymnasium gekommen, Abitur im hessischen Internat, oder eine pfälzische Oma gab Zwischenheimstatt. Meine Kinder, sagte mir einer, können natürlich Deutsch, aber wenn's kompliziert wird, denken sie auf Englisch. Ich hätte, klagte ein anderer, gern einen Garten. Aber Bäume brauchen Zeit, und wenn meine Beerensträucher zu tragen beginnen, muß ich weiter. Da fiel mir ein: Ich möchte gern wissen, wie groß die Bäume sind, die ich an der Schönbachstraße in Leipzig vor fünf, sechs Jahren gepflanzt habe, das Völkerschlachtdenkmal im Blick. Und Gerhard Zwerenz hat in seinem «Großelternkind» geschrieben: «Mit jedem Umzug raubt ihr euren Kindern ein Stück Heimat. Mit jedem Umzug verringert ihr das Leben eurer Kinder. Nach Jahren haben sie so viele Wände und Tapetenmuster schauen müssen, daß sie nirgendwo mehr daheim sind. Am wichtigsten sind die Tapeten in halber Höhe.»

In München, in der Goethe-Zentrale, darf in einer Wunschliste jeder vermerken, wohin er das nächste Mal möchte. Nun gibt's bei Goethe das, was bei den Generälen Verwendungsstau heißt: Die Fünfzig- bis Sechzigjährigen ballen sich, aber bei Goethe muß abgedient, muß Dienstzeit runtergerissen werden, ehe die Pension klingelt. Wer möchte in seinen Lebensherbsttagen noch nach Colombo, Toronto, Sidney? Jetzt sind London gefragt, Brüssel, Zürich und Luxemburg, von wo aus man übers Wochenende schnell mal die Enkel besuchen kann. «Wer weiß», sagte Karl-Heinz Kemmner zum Abschied, und es klang keineswegs abenteuerlustig, «wo wir uns das nächste Mal sehen?»

Dann der Flugsprung nach Trondheim über Schneegipfel und Schründe und Wolkenfetzen, durch Böen gebeutelt. Das Flugzeug war angefüllt mit Männern, die Aktenkoffer und unlustige Mienen trugen, mit Dienstreisenden, denen es augenscheinlich nicht den geringsten Spaß machte, dorthinauf zu fliegen und dann noch weiter und wieder weiter bis Narvik oder dem Nordkap vielleicht, die viel lieber an ihren hauptstädtischen Schreibtischen geblieben wären. Das Gegenteil von Touristen und Wikingern. Sie redeten nicht, schauten nicht hinaus oder der Stewardess aufs schöne Mündchen. Auf dem Flugplätzchen von Trondheim strebten sie wortlos und stracks zur Anschlußmaschine oder zum Bus, der uns zur fünfzig Kilometer entfernten Stadt brachte, am Fjord entlang, und so beäugte ich ein Stück Mittelnorwegen, die Häuser, die Felder, die Steine. Zur Rechten immerzu den Fjord, in dem sich Zweiter Weltkrieg zur Genüge abgespielt hat, dort ankerten «Tirpitz» und «Scharnhorst» und «Gneisenau» auf dem Sprung zum Nordkap, um Geleitzüge abzufangen, dort fahndeten britische Flieger nach ihnen mit Bomben und Torpedos.

Meine Goethe-Kontaktperson in Trondheim war Bernd Neumann, Professor am Germanistischen Institut. Er hatte vorbereitet und zeigte mir ein Zeitungsblatt mit einem gerahmten Kasten. Überschrift: LOEST IN TRONDHEIM, wenn das nichts ist. Neumann fuhr mich zur Universität hinauf, und da, moderne bundesdeutsche Unibauten kennend in Bremen, Hildesheim, Paderborn und Schwäbisch-Gmünd beispielsweise, kam ich aus dem Staunen nicht heraus. Ich will's so zu beschreiben versuchen: Man hat zwei vierstöckige, ziemlich normale Trakte im Abstand von etwa zehn Metern nebeneinandergesetzt, na, ganz so normal nun auch nicht: Da ist mal ein Erker in einem Bürozimmer, da knickt der Gang ab, ein Seminarraum springt vor und gibt durch Glas den Bick frei auf Stadt und Fjord. Dann hat man über die beiden Trakte ein Glasdach gezogen und so einen langen Innenhof geschaffen, in ihm sind Bänke, Brunnen und Zeitungskiosk, Pflanzen und Steine; man kann in den Himmel schauen mit Wolken und Vögeln, mit Sternen in der langen Winterdunkelheit. Das Gegenteil von Paderborn, wo die Baumeister meinten, man könnte am besten lehren und lernen, wenn man nicht von Sonne und Wolkenbruch abgelenkt würde, sondern immer und ewig eines um sich habe, graugrauen Beton. Es wäre für einen Mitteleuropäer ohnehin nicht einfach, hier oben durchzuhalten, erklärte mir der Professor, da müßte die Architektur der Seele schon aufhelfen. Einen Frühling wie daheim gäbe es im Grunde nicht; wenn der Schnee weg wäre, läge das Land wochenlang braun und öde. Dann explodiere ein kurzer, hektischer Sommer, bunt und stürmisch fiele der Herbst herein, und Ende Oktober beginne manchmal schon der Winter. Wer kein aktives Verhältnis zum Schnee finde, ginge in die Knie, man müsse auf die Bretter und die Loipen, die rund um die Stadt bis nach Mitternacht erleuchtet seien, da könne, müsse man sich auslaufen, auslüften. Er wird wohl in Trondheim bleiben, der Professor, denn daheim sind alle Stellen besetzt, er kann nicht sagen: Hab' genug vom Norden, nächstes Jahr hau ich ab nach Tübingen oder Regensburg.

Die Stadt ist schachbrettartig angelegt zwischen Hafen und Fluß, die Kirche berühmt, aber nur geöffnet zur Touristenzeit, wenigstens war der Giebel angestrahlt.

Kalt war's, und der Wind pfiff. Im Hotel aß ich ein gutes T-bone-Steak mit Kartoffeln und Gemüse, das kostete mich 52 Kronen (ich dividierte durch drei und fand den Preis angängig), dazu trank ich ein nicht zu großes, nicht besonders gutes Bier und zahlte 24 Kronen dafür. Was für ein Mißverhältnis – aber ich hab' es ja überall gehört: Der Staat gewöhnt den Leuten das Trinken planmäßig ab durch irrsinnige Steuern. Norwegen gilt durch sein Öl als eines der reichsten Länder der Erde, und nun rätseln alle Leute, warum denn dann alles so teuer sei – oder gerade deswegen? In den Zeitungen stehen lange Abhandlungen, die zu erklären versuchen. Ob wenigstens, fragen sich die normalen Norweger, der Finanzminister Bescheid weiß?

Dann waren mehr als hundertfünfzig Leute in einem Museumskeller, und mein Professor war zufrieden. Ich strengte mich an und brachte auch meine bewährtesten Scherzchen frisch wie am jüngsten Tag, und als alles vorbei war, schlaffte ich plötzlich ab und wollte eigentlich ins Bett, aber das gehört sich nicht, ich weiß es wohl. Beim Hinausgehen sprach mich eine Frau an und sagte mir Artiges, eine Deutsche offensichtlich, und ich fragte, was schon der Kaiser und der sächsische König ihre Soldaten fragten und der Bundeskanzler fragt, wenn ihm im Ausland Touristen in den Weg laufen (als ob's darauf ankäme): «Wo sind Sie denn her?» und die Frau sagte es mir: «Aus Außig.» Das liegt an der Elbe im nördlichen Böhmen, nicht weit von der sächsischen Grenze entfernt, und heißt heute Usti nad Labem. Die Frau dürfte Anfang Sechzig gewesen sein, ich sagte sofort: «Von Außig nach Trondheim – das ist bestimmt ein Roman.» Das sei wohl wahr, antwortete sie, und da sei ihr Mann, Deutsch spräche er nur ganz wenig. Das ganze dauerte eine Minute oder eine halbe, dann trottete ich im Pulk mit anderen in eine Kneipe, wo wir zu fünfzehn um einen Tisch saßen, wo es viel zu laut war, als daß man sich unterhalten konnte, und wo keiner mehr als zwei Glas Bier trank, denn mehr kann sich keiner leisten. Ich wollte bald weg, mein Argument war einleuchtend: In aller Frühe mußte ich raus und zum Flugzeug.

Von dieser Frau hab' ich eine Woche später einen Brief bekommen. Er beginnt so: «Mein Mann und ich sind Ihnen und Ihrer Gesellschaft gestern noch bis zum Pub gefolgt. Aber dann sind wir doch nicht hineingegangen. Eigentlich hätten Sie ein gutes Fressen verdient und etwas Wärme und Häuslichkeit nach der Lesung und Ihren Erklärungen. Ich hab' ja etwas an den Knöpfen gezählt und auch die Beine gezählt, als Sie alle vor uns gingen. Ich spielte nämlich mit dem Gedanken, Sie alle zu uns zu bitten. Aber es wäre wohl kein Vergnügen geworden. Schade, daß Sie so schnell weg mußten. Ich hätte Sie sonst gebeten, zu uns zu kommen, und wir hätten uns etwas über den Westen unterhalten können. Es war ja hochinteressant, was Sie von dem geistigen Leben im Osten erwähnten, zum Beispiel, daß eben Bücher wie frische Semmeln weggehen. Ich lebe seit 1961 hier in Trondheim, und es ist bisher unmöglich gewesen, irgendeinen Kontakt zu kriegen. Vielleicht ist es nur ein unglücklicher Zufall, aber ich bin eine so weit bequeme Person, die sich einen Schnurz um Status kümmert, und das ist eine böse Sache, denn dadurch kann mir auch niemand mit seinem Status imponieren. Die meisten Menschen sind abhängig davon, haben einen Fips hier. Ich kriege oft eine fürchterliche Angst, wenn ich sehe, wie der Tanz um das Goldene Kalb die

Menschen verblödet, einschläfert. Es ist natürlich nicht nur das, was die Kommunikation mir hier erschwert, es ist das Emigrantendasein überhaupt, zumal die Gesellschaft hier . . .»

Ach, Marie aus Außig an der Elbe, warum haben Sie mich nicht am Ärmel fortgezogen zum guten Fressen und gutem Reden im hohen, kalten Norden? Wir hätten vom Wein geredet, der bei Melnik und bei Meißen wächst. Sie hätten versucht, ins Böhmische zurückzufinden, mein Sächsisch braucht ja nicht erst abgerufen zu werden. Ludwig Richters «Überfahrt am Schrekkenstein», und wußten Sie, daß Karl May einmal ganz in Ihrer Nähe . . .

Marie, den herrlichen Fisch dieses Abends werden wir niemals essen. Warum hast du mich denn nicht am Ärmel . . .

Saison in Key West

Es war, wenigstens auf See, wie vor dreihundert Jahren; Segelschiffe kreuzten – Freund oder Feind? Die Kanonen an Land waren puppig, kleiner als gehabt, Bastler hatten ihre Mini-Rohre aufgestellt. Kinder und Hunde zurück! Am hohen, heißen Mittag wurde dann ein bißchen geballert. Nachdem der Gestank verzogen war, galt die Saison von Key West als eröffnet.

Sie beginnt um Weihnachten, hat am 1. Februar ihren Höhepunkt und zieht sich bis in den Mai hinein, dann werden Hitze und Schwüle unerträglich und jagen die Kosten für die Raumkühlung ins Schmerzliche. Diesmal zeigte das Martello-Museum, vor dem das Gefechtchen inszeniert wurde, allerlei Überbleibsel, die aus zwei 1622 im Hurrikan versunkenen spanischen Schiffen geborgen worden waren. Eine fröhlich-forsche Rede, rotes Band wurde zerschnitten, dann konnte besichtigt werden: Gold! Gold! Gold! schrien die Plakate. Das war aber auch fast alles. Barrengold ist langweilig wie alter Stangenkäse. Silbermünzen, Anker, verkrustete Schwerter und Beschläge, nun ja. Die Direktorin nannte diese Darbietung die «König-Tut-Show vom Meeresgrund.» Niemand lachte.

Eine Insel, befand die Reiseschreibkünstlerin Mary McCarthy, sollte man, wenigstens beim ersten Mal, mit dem Schiff ansteuern, damit sie aus dem Meer herauswüchse wie zu Odysseus Zeiten; später dürfe man auf diesen Vorväter-Effekt mit Hilfe des Düsentriebwerks zeitraffend verzichten. Key West, so wäre abzuleiten, muß man über die Inselkette hinweg erreichen, die sie mit der Südspitze Floridas verbindet; weder Schiff noch Flugmaschine wären hier klassisch. Über alle Brücken muß man kommen wie einst der Dampfzug, seine Waggons rollten in Key West auf die Fähre, die sie nach Havanna brachte. Kein rascherer Weg war damals nach Kuba. Let's go Key West!

Vom Plastiktisch in der Imbißhütte auf halbem Weg habe ich über meinen «Hämbörger» hinweg den Blick frei auf die Straße, sie ist gesäumt von Holz- und Blechbuden mit Reklamen an allen Flanken und hoch über dem heißen Dach; schwer klebt mir garantiert hundertprozentiges Mastrindhack am Gaumen, nicht sonderlich senkrecht stehen draußen Masten mit Drahtgewirr, gebeulte und glitzerneue Benzinfresser gleiten, mein vom Ozeanflug überreiztes Hirn registriert: Gleich dürfte die Tür aufspringen und Kojak hereinstapfen, auch Detektiv Rockford, Anruf genügt, mit aufgerissenem Knopfauge wäre denkbar. Musik schrie dann – da hab' ich's: Die Vereinigten Staaten aus dem Serienkrimi. TV-Retorte schäumt auf, narrt. Ein Augenblick bleibt für die Vision, die belastete Nerven vorgaukeln, auch esse ich natürlich nicht «Hämbörger», bin doch nicht blöd, sondern Shrimps nach einer der hervorragenden Arten dieser Küste.

Es ist die US-Fernstraße Nr. 1, die von der nordöstlichsten Landesecke bis hier herunterführt. Sie läuft zuletzt auf dem Damm der Eisenbahn, die 1912 eingeweiht und 1935 schon wieder geschlossen wurde; eine Stahlbrücke verdiente das damals gern verwendete Wort «kühn», heute dient sie als Photoobjekt, wenn hinter ihrem Gitter die Sonne versinkt. Neue Brücken werden neben die alten montiert, auf Pontons schwimmen Teile heran und werden von Kränen eingehoben. Hinter den Mangrovenwaldstücken schimmert immer wieder das Wasser. Die letzte Insel nach wohlgezählten dreiundzwanzig heißt Key West. Sie endet, wo gegenüber am Horizont der spektakulärste, weil südlichste Sonnenuntergang der USA allabendlich zelebriert wird. Das Ganze ist ein Trick der Natur, raffiniert geordnete Luftschichten lassen die Sonne vergleichsweise riesig erscheinen, entsprechend schnell sackt sie ab, das Beutegold im Martello-Museum beschämend, gleich danach kommt die Tropennacht. Am Pier strömen dann Touristen und Einheimische, Hippies und Cadillac-Besitzer zusammen, eine Süßkramverkäuferin radelt kurvend durch die Menge, Musikanten (gehört dieses Wort in die Schublade?) spielen auf (schon wieder Urväterdeutsch, aber angesichts der alten Sonne sollte es durchgehen). Da ist Flanieren und Schauen, Flirten und Krach, Gaukler schlucken Feuer oder stehen Kopf, versonnen bläst ein sehr schwarzer Schwarzer die Weise vom Old Man River auf winziger Trompete. Neben ihm steht ein Töpfchen für Dimes und Quarters oder auch mal für einen Dollarschein. Über allem schweben Pelikane, sie bleiben, scheint's, auch mal in der Luft stehen, sie, die unvergleichlichen Flugkünstler, mit Großonkelblick schauen sie sich das Ganze an, können wohl nichts Neues entdecken. Wo ein Pfahl im Wasser ist, hockt ein Pelikan, aber hier fällt nichts ab. Im Pier House, dem nahen Spitzenhotel, dessen vorderste Terrasse ins Meer hineingebaut ist, gibt's zum Sunset-Naturschauspiel Käsehäppchen gratis. Kameras klicken hier wie dort. Oben hängt schon der Mond bereit, aus anderem Winkel angestrahlt als in der kalten Heimat. Meinem Landsmann Karl May, fällt mir ein, wurden von Mondbesserwissern nicht weniger als 29 diesbezügliche Fehler angekreidet. («Als sich in die letzten Sonnenstrahlen über den nackten Felsen des Grando Massassivo das bleiche Licht der abnehmenden Mondsichel mischte . . .» o. s. ä.) Wäre Karl May je in Key West gewesen, der Mond hier hätte ihn stutzig gemacht.

Die Inselstadt, sechs Kilometer lang und drei breit, hat bessere Zeiten gesehen. Es gibt vergleichbare Ferienorte in der Sächsischen Schweiz oder an der Ostsee, wo vor neunzig oder fünfzig Jahren das Bürgertum kurte. Zerbrochene Zäune, blätternde Farbe findet man genauso westlich der Berliner Mauer, wo einst die Filmgrößen von Babelsberg ihre Villen besaßen. Key West hatte vor dem Zweiten Weltkrieg zum letzten Mal eine gute Zeit, seither ist nicht mehr viel geschehen. Damals lebte hier Ernest Hemingway. Key West verlangt, daß sich jeder Besucher dieser Tatsache bewußt ist.

Das Hemingwayhaus hat seine Vorgeschichte: 1851 machte sich ein gewisser Asa Tift daran, Korallenquader aus dem Grund zu brechen, so gewann er Keller und Baumaterial dazu, aus dem ein zweistöckiges Haus im spanischen Stil mit umlaufender Veranda und hohen Bogenfenstern aufgemauert wurde. 1931 zog Hemingway ein, zwölf Jahre lang lebte er hauptsächlich hier, später, bis kurz vor seinem Tode, kehrte er gelegentlich auf kürzere Zeit zurück. Was er anderwärts erlebte, brachte er hier aufs Papier. Die Literaturgeschichtsschreibung notiert eifrig und widerspricht sich erheblich, was in Key West entstand; fünfundsechzig Prozent aller seiner Werke seien es, heißt es lokalpatriotisch aus dem Mund der Erklärerin. Eine Hängebrücke ließ sich der Dichter zwischen Haupthaus und Gästehaus bauen, über sie schwankte er zur Schreibmaschine hin, die dort noch steht und die seine Fans durch ein Gitter beschauen dürfen. Sie war es, auf die er tippte: «‹The marvellous thing is that it's painless›, he said. ‹That's how you know when it starts.›» So beginnt «Schnee auf dem Kilimandscharo».

Das Haus ist Museum. Gruppen werden hindurchgeschleust wie am Frauenplan in Weimar. Unsere Führerin verweist auf einen betagten spanischen Schrank; dieses Gitter brachte Ernest aus Spanien mit und ließ sich ein Bett davor bauen. Ein Büffelkopf an der Wand: Jagdbeute von der ersten Afrika-Safari. Hier aßen die Kinder, mit seiner zweiten Frau speiste er drüben im großen Zimmer. Vieles wurde verändert seither, die Ventilatoren an den Decken riß die jetzige Besitzerin leider herunter. Diese Kacheln da aus Portugal mauerte Ernest eigenhändig in eine Nische. Das, sagt die Erklärerin, war offensichtlich nicht seine größte Fähigkeit, wie gut, daß er das Haus nicht selber gebaut hat. Hinter Gittern: Schnapsgläser verschiedener Formen, Heiligtümer. Photos die Menge: Das da ist Agnes v. Kurowsky, jene Krankenschwester, in die sich der verwundete Hemingway im Ersten Weltkrieg in Italien verliebte. Er wollte sie heiraten, aber sie gab ihm einen Korb. Jeder, der hier andächtig eintritt, weiß, was Hemingway in «A Farewell to Arms» aus dieser Begegnung machte. Viel später, 1937, kam Agnes Stanfield, geb. v. Kurowsky, mit ihrem Mann, der in der Marine diente, nach Key West und arbeitete ein paar Straßen weiter in der Gemeindebibliothek. Das tat sie an die zwanzig Jahre, dann starb ihr Mann, und sie zog an Floridas Westküste. Ob Agnes und Ernest, ein klassisches Liebespaar, sich später getroffen haben wie einst

Lotte in Weimar den Herrn Geheimrat? Nein, sagt Betty Bruce, heute Dienstälteste der Bibliothek, sie sahen sich nie; übrigens war Frau Stanfield eine sehr zurückhaltende Frau, und Hemingway hat ihr nie verziehen. Aber war es nicht natürlich, daß Agnes, die damals Mitte Zwanzig war, sich scheute, einen Neunzehnjährigen zu heiraten, sie, bei ihrer fabelhaften Erziehung? Nach Hemingways Tod übrigens, fügt Betty Bruce an, habe sie dessen Witwe mit Frau Stanfield bekannt gemacht, die beiden hätten sich großartig vertragen.

Im Orte Gulfport starb Agnes Stanfield im November 1984 im zweiundneunzigsten Lebensjahr, die Nachricht vom Tod der alten Dame lief um die Welt. «Und manch ein Leser», schrieb Marcel Reich-Ranicki, «wird mit Dankbarkeit der Agnes von Kurowsky gedenken. Auch das ist ein Triumph der Literatur.»

Ernest, so nennt ihn die Erklärerin vertraulich, Örnest, ein T-Shirt trägt sie mit dem Konterfei des alten Mannes mit der Schifferkrause, hier und in jedem Andenkenladen der Stadt für sechs Dollar erhältlich. Für fünf Dollar kann man einen Ziegelstein kaufen, er stammt vom Weg hinter dem Haus, Örnest hat gewiß den Fuß darauf gesetzt. Eine Dachpfanne der abgewrackten Garage: Drei Dollar. Überall dösen faule Katzen, an die fünfzig, wie zu der Zeit, als der Meister noch selbst fütterte. Sah er nicht aus wie Clark Gable?, fragt die Erklärerin in die ergriffene Runde, während sie auf ein Photo zeigt; sie liebt ihn, kein Zweifel. Diese Terrakottakatze auf dem Schrank dort, Picasso könnte sie geformt haben, aber keiner weiß Genaues darüber, und signiert ist sie nicht. Von diesem Klo aus konnte Örnest, wenn er festsaß, sich mit seinen Freunden unten im Hof unterhalten. Früh hat sich die Welt für sein Leben wie für sein Schreiben interessiert, Jagdabenteuer, Unfälle, Narben gab es zu registrieren, Scheidung und neue Liebe, neue Liebe und Scheidung. Nahebei in Sloppy Joe's Bar soff er, davon zehrt der triste Schuppen heute noch. Ernest in Dutzenden verblichenen Photos an der Wand, Ernest auf den Bierdeckeln. Zwei Burschen schreien in die Mikrophone, fünf Kubikmeter Technik multiplizieren. Eine unglaubliche Menge von Flaschen hinter der Theke – bei Sloppy wird toll umgesetzt, wer auch nur zu einem Tagesausflug von Miami herübergekommen ist, meint, hier hereinschauen zu müssen. Ein Whisky, ein Bier, der mühsame Versuch, etwas von dem Geist, der über den Feuerwassern des Teufelskerls schwebte, in den Adern zu spüren, Krach, daß du dein Wort nicht hörst. Ach ja, er verstand es schon, so zu leben, daß die Journalisten ihr Futter hatten. Nun schlagen sich die Biographen damit herum, herauszufinden, in welchem Grad er Held oder Maulheld war. Örnest, weiß die Führerin im Hemingwayhaus, trug als erster weit und breit kurze Hosen, und die Damen standen auf den Balkonen und starrten auf seine männlichen Waden. Sein Swimmingpool war der erste der Stadt. Im Keller, der sein Weinkeller war, wird jetzt Katzenfutter aufbewahrt. Alter Junge, denke ich vertraulich in «Hemingway's Favorite Bar» und nehme noch einen Plastikbecher schaumgebremsten Biers zur Brust, du standest an der Wiege meiner schriftstellerischen Versuche; wenn meine Freunde und ich stupid wiederholten: «sagte er, sagte sie», meinten wir schon, wir wären Fleisch von deinem Fleische. Später hingen wir uns damit selber so zum Halse heraus, daß wir dich nur noch wie deine eigene Parodie lesen konnten. Heute gehört deine Methode – ich hab' nicht Masche gesagt, Örnest! – nicht mehr in den aktuellen Schreibwerkzeugkasten, aber der wahre Jammer ist der: Kerle wie du sind heute noch seltener als zu deiner Zeit. Als du dann «Der alte Mann und das Meer» schriebst, gegenüber in Kuba, und als wir am Literaturinstitut in Leipzig hörten, dieses Buch sei präfaschistisch, und als wir deinetwegen der «harten Schreibweise» geziehen und gerüffelt wurden . . . ach, another beer, please.

Nach Kuba sind's nur 144 Kilometer. An der Südseite von Key West ragen Masten mit allerlei elektronischen Stacheln und Spitzen, in der Luft hängt «Fat Albert II», ein Fesselballon mit schlauen, spähenden Anhängseln, seinen Vorgänger riß ein Hurrikan von den Seilen und schmiß ihn ins Meer. Kuba war meist Freund, seit einigem beginnt dort die andere Hemisphäre. Nach 1868 kamen Zigarrenmacher herüber, ihre Industrie hatte den Gipfel um 1890, damals rollten hier 2700 Frauen und Männer in 166 Betrieben pro Jahr 100 Millionen Zigarren. Damals war Key West die gesündeste Stadt Floridas, die volkreichste obendrein. Während der Prohibition in den zwanziger Jahren waren Boote mit Rum und Whisky von Kuba unterwegs. Wenn die Regierungsbeamten in Miami in den Zug stiegen, um Key West trockenzulegen, warnten Bahnangestellte per Telegraph; dann wurden rasch alle Flaschen weggepackt. Die Gesetze, sagt Wright Langley, der Direktor des Historischen Büros, wurden in Key West schon immer locker gehandhabt, das zog Außenseiter an. Hier wurde und wird Bolita gespielt, eine verbotene kubanische Lotterie. Der Strom des Rauschgifts an Floridas Küsten spült wohl heutzutage auch hier etwas ans Land, und einiges bleibt gewiß hängen.

In Key Wests vielen Kneipen, meint Wright Langley, sei jedenfalls alles zu haben. Dort drüben, sagt er, liegen zwei Dutzend beschlagnahmte Fischerboote an der Kette. Vor kurzem waren es noch mehr, aber da sie die Regatta behinderten, wurden etliche weggebracht. Das war so: Vor einigen Jahren ließ Fidel Castro eine Menge Leute, die seinen Sozialismus partout nicht mochten, aus dem Land. Für gutes Geld holten unsere Fischer an die 130 000 Kubaner – Sie haben richtig gehört! – übers Meer. Hier wurden die Pässe kontrolliert, dann stiegen die Auswanderer in Busse und fuhren weiter nach Miami oder sonstwohin. Das Übersetzen war anfänglich den Fischern gestattet, dann wurde es von unserer Regierung verboten. Manche machten trotzdem weiter; wer erwischt wurde, war sein Boot los. Rost, ja, Sie haben recht, die Boote werden nicht besser. Demnächst will die Regierung sie versteigern. Haben Sie übrigens an der Duval-Straße die armseligen Ruderboote gesehen, mit denen Flüchtlinge nach 1962 gekommen sind? Und das Floß im Martello-Museum, auf dem drei Pässe gefunden wurden, aber weder Mann noch Maus?

Die geschriebene Geschichte Key Wests beginnt 1815, damals verlieh Spanien die Insel dem Kaufmann Salas aus St. Augustine. Eine Wachsfigurenszene im Martello-Museum gestaltet nach, wie dieser 1821 das sumpfige Eiland an den Amerikaner Simonton verkaufte – die beiden staubigen Museumspuppen starren gläsern auf den 2000-Dollar-Scheck. 1822 landete die US-Navy und hißte ihre Flagge, unverzüglich machte sie sich daran, die Piraten auf den unzähligen Inseln weit herum zu bekämpfen. Siebzehn Schiffe mit 1100 Seesoldaten brachten bald an die 2000 Bösewichter zur

Strecke – im Museum grapschen gelbliche Räuberfinger noch immer in pappene Schatztruhen. Gasparilla hieß der Oberstrolch. Um 1850 siedelten sich hier Spezialisten für das Bergen gestrandeter Schiffe an, von den Bahamas brachten manche gleich ihre Häuser mit; heute sind die letzten, besten von ihnen die architektonischen Perlen der Altstadt. Um diese Zeit bauten die US-Streitkräfte zwei Befestigungen auf, Fort Martello und Fort Taylor. Im Bürgerkrieg fielen beide rasch und kampflos in die Hände der Nordstaaten und verstärkten den Blockadering. Um die Jahrhundertwende wurde Fort Taylor umgebaut: Ein Glücksfall, sagt Direktor Langley, war, daß damals eine Masse von Kanonen, Kugeln und Lafetten zur Verstärkung des Betons, als Moniereisen sozusagen, verwendet wurden, sonst hätte man sie eingeschmolzen. Nun kann man den Kriegsschrott heraushacken, einige Kanonen stehen schon blankgeputzt auf der obersten Plattform. Heute gehört das Fort noch zu einer aktiven Marinestation, das soll sich ändern, es soll hergerichtet und den Touristen zugänglich gemacht werden. Das ist ein Teil der Zukunft dieser Stadt. Das besucherfreundliche Fort, ein Park, vielleicht ein paar neue Hotels, ein weiterer Badestrand. Vorläufig wird noch Kasematte nach Kasematte ausgegraben. Das leitet Howard England, der in Mußestunden die alten Rodman-Kanonen im Modell nachbaut. Ganz unten im Fort entsteht ein neues Fort im Maßstab 1 : 20. Die Küche zeigt er, die Ställe. Er weiß viel darüber, wie die Kanonen gegossen wurden, stehend nämlich. Nirgends in den USA, sagt er, gibt es so viele Rodman-Kanonen auf einmal wie hier. Im Geiste sieht er schon Besucherströme wallfahrten. Das beste an diesem Fort ist, daß von ihm aus nie ernsthaft geschossen, daß es nie angegriffen und nie verteidigt wurde. Hier floß kein Heldenblut. Das friedlichste Fort der Welt. Mir fällt ein: Ich stand einmal auf dem Douaumont.

Das Beste an Key West sind seine Holzhäuser in einem Mischstil aus Neuengland- und Bahama-Architektur, mit Elementen amerikanischer Gotik sowie viktorianischen, spanischen und New-Orleans-Motiven. Die meisten sind zweistöckig mit umlaufenden Veranden, die Geländer geschnitzt. Auf dem John B. Maloney House in der Simontonstraße ragt ein Türmchen, von dem schaute eine Kapitänsgattin nach dem Segel ihres Mannes aus. Immer wieder photographiert: Die Innentreppe mit dem geschwungenen Geländer im Gideon Lowe House. Unter Denkmalschutz: Das E.H. Gato Jr. House in der Duval-Straße. Eines der schönsten Häuser hat sich vor kurzem Calvin Klein gekauft, der Jeans-König, der einen Dollar an jeder Hose verdient, 400 000 pro Woche. Er besitzt noch zwei Wohnungen in New York, ein Haus auf dem Land und zwei am Meer, eines eben hier in Key West. «Von dort bringt Calvin Klein seine gesunde Hautfarbe mit», weiß die WELT AM SONNTAG. Leider ist er gerade nicht da, seine Haushälterin ist fast bereit, uns das Interieur zu zeigen, dann aber tut sie es doch nicht.

Eines der Häuser, 534 Eaton Street, hat Nancy Tazwell, eine Innenarchitektin, mit Sorgfalt und Geschmack ausgebaut, sie nennt es «Das Künstlerhaus»; Lila, Rosa und Weiß dominieren. Viktorianische Vornehmheit, ein wenig Jugendstil, niemals Angst, leise süßen Kitsch zu berühren, eine zauberhafte Treppe in ein Turmstübchen hinauf – hier ließe sich eine erlesene Woche zubringen, die Silberne oder die dritte Hochzeit etwa. Kinder über zwölf als Gäste willkommen, weder Kreditkarten noch Tiere, bitte.

Aus der Villa des ehemaligen kubanischen Konsuls hat ein reiches, junges Paar ein Traumhaus gemacht, Gold im Bad, aus dem Bett steigen die Verliebten gleich hinaus ins Erfrischungsbecken. Diese Häuser bilden die Schönheit und Einzigartigkeit von Key West, und sie sind sein Problem. Nirgends in den USA findet man so viele Häuser aus dieser Zeit in einem so geschlossenen Ensemble. Rechtwinklige Straßen, jedes Haus in seinem Garten, weiße Zäune, Palmen darüber, Gummibäume wie bei uns in den Wohnzimmererkern, hier wirklich baumgroß, und jedes zweite Haus schreit nach einer durchgreifenden Erneuerung. Sonne und Wind fressen die Anstriche stärker als anderswo, Holz, das mehr als hundert Jahre alt ist, bedarf wirksamerer Erhaltungsmittel als regelmäßiger Erneuerung der Farbe. Ein großes, zweistöckiges, tief in den Garten reichendes Haus wurde von seiner Besitzerin als Ferienhaus ausgebaut, air-conditioner in jedem Apartment, natürlich pool dahinter; drei Zimmer mit Küche und Bad kosten 450 Dollar die Woche. Wer glaubt, ohne Kühlmöglichkeit anbieten zu sollen, wird im Sommer seine Schwierigkeit haben. Andere Häuser, von Einheimischen bewohnt, wirken heruntergekommen, manche sind dem Verfall nahe. Nach langen Kämpfen sind nun Gesetze erlassen, die das architektonische Bild der Altstadt schützen können, keiner darf beispielsweise höher als 40 Fuß bauen. Überall zwischen den Häusern liegen leere Parzellen, ein paar Schritte vom Hemingwayhaus entfernt rostet ein Dutzend Autos dort, wo mal ein Haus gestanden hat. Zur Zeit wird in der Altstadt an nicht einer einzigen Stelle nachgebaut. Wer Bescheid weiß, zuckt die Schultern: Die blödsinnigen Bodenpreise ersticken alles. Ein Makler bietet an: Sehr bescheidene, sehr bedürftige Häuser auf etwa 400 Quadratmeter sind von 100 000 Dollar an wohlfeil.

Key West hat seine modernen, gepflegten, desinfizierten Zonen. Um den Swimming-pool des Hotels Pier House liegen Tag für Tag zu bräunende Körper. For guests only, natürlich. Wer ein 116-Dollar-Zimmer gemietet hat, mit Seeblick etwas darüber, hat Anspruch auf Abgeschiedenheit von örtlicher Problematik und das Recht auf einen hauseigenen Strand. Dreißig Meter etwa für ein paar hundert Gäste. Mancher geht bis zu den Waden hinein, murmelt: cold! und verzieht sich wieder auf die Pritsche. Das Wasser hat an die zwanzig Grad. Nein, man ist eigentlich nicht zum Schwimmen hier, braun, braunst will man werden und wird es. Ein Mädchen mit Tablett versorgt dabei mit dem Nötigsten: Drinks, Sandwiches, man kann auch unter Palmen unvermeidliche «Hämbörger», Pommes oder Chefsalat einschieben. Kurz nach Mittag öffnen die Bars, haben schon um die happy hour, zwischen fünf und sieben am Nachmittag, ihre gute Zeit. Danach kann man zur Sache kommen. Den Swimming-pool nutzen gleichzeitig zwei, drei Enthusiasten, oft liegt er menschenleer. Shocking freilich, es gäbe ihn nicht. Manchmal, leider, ist zu wenig Wasser im Chlor.

Key West ist nicht zu allerletzt, sagen wir es mit einem Hemingway-Wort, ein Eldorado der men without women. Gewiß, Ernest meinte Männer, die sich in ihrer Einsamkeit nach Frauen sehnen; nach Key West strömen die, die keine Frauen brauchen und wollen. Paarweise liegen sie auf den Pritschen, plaudern, schlank sind sie, gepflegt, aufwendig frisiert. Die Amerikaner nennen sie gays, das hat weder einen abfälligen noch einen technokratischen Beigeschmack, wir Deutschen haben ein derartig freundliches, gleichberechtigendes Wort nicht. Die gays von Key West sind höflich und nicht aufdringlich. Nie sah ich einen von ihnen im Wasser, sportliche Exzesse sind wohl nicht ihre Art. Sie liegen da, sehen aus, flanieren. Diese sind zahlende gays, andere arbeiten als Portiers oder Kellner. Gays im hippie-look verdienen sich stundenweise beim Sortieren von Shrimps im Hafengelände so viel, wie sie für das tägliche Bier brauchen; vor den Photokameras drehen sie die Gesichter weg. Gays werden in Key West zumindest geduldet, vielleicht anerkannt. Also haben sie es nicht nötig, mit trotzigen Augen herumzugehen, das tut ihnen und den anderen gut.

Sie haben ihre Disco, «A Gentleman's Bar». Drei stämmige Burschen lassen ein oder nicht. Das Lokal ist geschachtelt in Dutzende Räume. Nischen, Treppen auf's Dach hinauf, drei Theken, Tische und tiefe Sessel, und oben hat man die Sterne und die Palmen vor der Nase. Zwei junge Männer, gleich begabt als Sänger, Musiker, Kabarettisten und Tänzer, beginnen die einleitende Show mit dem, was ein Norddeutscher als oll Schweinskram bezeichnen würde, sind dann schnell bei einheimischen Problemen, spielen auf die Drogen an, an denen mancher wohl hier seinen bescheidenen Verdienst habe. Und man sei wohl gerade jetzt gut in Form? Is everybody stoned? – das heißt etwa: Habt ihr alle ein bißchen Stoff in der Krone? Das wird fröhlich versichert, dann geht es mit Musik und Parodie weiter durch Zeit- und Stadtläufe zu einer Hauptzielscheibe des Spotts in den USA: Präsidentengattin Nancy, die man am besten wohl gleich zur Königin erkläre. Wäre es nicht großartig, wie sie mit ihrem Revolver herumballere? Und wie sie mit beiden Händen das Geld zum Fenster des Weißen Hauses hinauswerfe? Das stoned Volk erklatscht Zugaben, dann tobt Dicosound aus übermächtigen schwarzen Boxen, Rhythmus kracht in alle Glieder und Adern und Muskeln und Nerven hinein. Getanzt wird mit dem höchstmöglichen Aufwand an Energie, die Jacken liegen längst auf Simsen und Stühlen, mancher reißt sich das Hemd über den Kopf. Keiner ist betrunken in einer langen Nacht, es gibt keinen Streit, keine Rüpelei. Allerdings, zu irgendwas müssen die männlichen Männer an der Tür schließlich da sein.

Key West hat ein Symbol-Tier, die Schnecke Conch, die weit herum auf dem Meeresboden kreucht. Sie ist schön anzusehen, ob klein oder groß, und an vielen Ständen und in allen «giftshops» ist sie zu haben, und sie ist gar nicht teuer. Daheim kann sie einer auf ein Bord stellen, und mancher ist natürlich der Name Key West aufs Gehäuse gemalt. Die ersten Bewohner lebten vor allem von ihr, heißt es, und wer ein echter Key Westler ist, darf sich stolz einen Conch nennen. Sie wird auch heute noch gegessen, ich fand sie stückchenweise in eine Suppe verkocht, von der Konsistenz frischen Radiergummis und ohne jeden Geschmack. Mancherlei ist nach dieser Schnecke benannt, so auch ein Bähnle auf Gummirädern, das unermüdlich durch die Straßen kriecht, der Conch Tour Train; jeder kennt solche Gefährte von Ausstellungen. Hier gibt es deren mehrere, die Zugmaschine ist als Dampflok drapiert, eine Dame sitzt an Steuer und Mikrophon: rechts sehen Sie, links sehen Sie. Da ist Little White House, in dem sich Harry Truman während seiner Präsidentenzeit von Strapazen und Unbill erholte, da das Haus, in dem der berühmte Maler Audubon, John James, seine wunderschönen Vögelgemälde schuf; heute findet man in diesem Haus einige kostbare, alte, englische Möbel. Golf von Mexiko auf der einen, der Atlantik auf der anderen Seite, alte und neue Stadt; der Flughafen, die Motels, Yachthafen, Leuchtturm – rechts sehen Sie, links sehen Sie. Ins Gästebuch der Bahn tragen viele Namen und Herkunftsorte ein und fügen an: nice, beautiful, nice, very nice. Ein braver Mann aus Offenbach/Main mischt sich nicht in die inneren Angelegenheiten der USA ein, er vermerkt schlicht, daß er hier war. Eine Frau aus Memphis: Cold! Dahinter gleich ein Mann aus Lansing, Michigan: warm, warm, warm! Zehn Sekunden lang hält der Conch-Zug vor dem Marinemuseum am Leuchtturm. Im Hof des ansonsten wenig bietenden Hauses steht ein Stück jüngerer Geschichte, ein japanisches Zweimann-U-Boot. Von einem normalen U-Boot wurde es im Dezember 1941 über den Pazifik geschleppt und vor Pearl Harbor ausgesetzt. 24 Meter lang ist es, schwarz wie die böse Nacht. Während des großen Überfalls sollte es in den Hafen schleichen und dort seine zwei Torpedos gegen Flugzeugträger oder Schlachtschiffe abschießen, aber die Navigationsgeräte waren nicht in Ordnung, dreimal lief das Boot vergeblich an, wurde schließlich am hellen Tag entdeckt und von zwei Granaten getroffen. Die beiden Japaner versuchten an Land zu schwimmen, einer ertrank, der andere, Fähnrich Sakamaki, wurde der US-Gefangene des Zweiten Weltkrieges Nummer 1. Dieses Boot wurde geborgen, vier Schwesterboote versanken im Feuer der US-Zerstörer. So ist dieses Schaustück das einzige seiner Art in der Welt. Ein Superlativ, der zu erwähnen nicht vergessen wird. Auch in Key West ist man nicht sparsam mit dieser grammatikalischen Form: Key West, verheißt der Prospekt des Conch Tour Train, habe das gesündeste Klima der USA. Es muß wohl an mir liegen, daß ich in den schwülen Nächten das Laken naß schwitze.

Es gibt natürlich nicht nur das besichtigende, sondern auch das arbeitende Key West. Die junge Frau eines Marinesoldaten, der aus Texas stammt und hier stationiert ist, suchte und fand einen Job im Aquarium. Zwei Wochen lang half sie, die Fisch bisher nur aus der Tiefkühltruhe kannte, beim Füttern und lernte den Vortrag für die Touristen auswendig; jetzt sagt sie einige Male am Tag auf, was es mit Haien und Schildkröten auf sich habe. Das tut sie fröhlich, die Erwachsenen hören so viel Wissenswertes, wie ein Laienhirn begreifen kann, die Kinder haben ihren Spaß. Vorn ist ein Becken mit Tieren und Pflanzen zum Anfassen, unentwegt quetschen Dreijährige geduldigen Seegurken das Wasser aus dem Leib. Weiter hinten liegen Haie, ein Schwapp Fischblut läßt sie lüstern kreisen. Im Freibecken die schweren Schildkröten. Hoch hängt die junge Frau eine Conch-Schnecke, daß der die Eingeweide heraushängen: Mit dieser Zehe da kralle sie sich im Sand fest und ziehe sich voran. Und dieses Teil da werde zur Suppe.

Aus der Altstadt radeln im Morgengrauen meist dunkelhäutige Stubenmädchen und Köche heran, damit es den Touristen in den Hotels und Motels rundum an nichts fehle. Lang ist die Liste der Lokale, man kann nach Touristenart essen wie überall, also «Hämbörger» und hot dogs und Pommes mit Ketchup; eine Cola obendrauf mag dann den Magen mit diesem Standardbrei füllen, dem offensichtlich alle schreckliche Zukunft gehört. «Fat is beautiful» steht über einem kubanischen Lokal, massige Schweinefleischportionen werden geboten, lieblich weich gekocht sind Schulter und Rippe, ausgelöst und scharf gebraten, dazu schwarze Bohnen und safrangelber Reis – nach solch einer Portion kommst du zwei Tage lang mit Orangensaft aus. Oh, dieser Hummer, daneben ein Steak, das Ganze für gute zwanzig Dollar, dazu Seeblick mit Sonnenuntergang! Frische Austern auf dem Steg eines Strandclubs, der nebenher für oben ohne wirbt. Tatsächlich, eine Dame im diesbezüglich besten Alter brüstet sich mit ihren Vorzügen im Liegestuhl; von fernen Bootsstegen sind ungeheure Teleobjektive auf sie gerichtet. Drei Tage später ist sie noch immer da, und mir schwant, daß sie hier angestellt ist, um das Eis der Prüderie zu brechen. Erfolglos, die USA, die sind nicht so. Auch diese Frau gehört zur arbeitenden Bevölkerung.

In zwei kleineren Betrieben werden noch Zigarren gewickelt, das geschieht um der Touristen willen, die gern mal schauen, wie es in einer Manufaktur zugeht. Natürlich kann man auch gleich kaufen, frisch aus der Presse heraus. Der zweitwichtigste Wirtschaftsfaktor der Insel hinter dem Fremdenverkehr ist der Stützpunkt der US-Navy, hier hat natürlich der Reporter sein Recht verloren. For eyes only. Aloe, auf Hawaii «in eigener Plantage» angebaut, wird dort ausgepreßt, in Key West findet der Extrakt in hunderterlei Parfüms, Cremes, Wässerchen, Shampoos und Seifen duftigen Sinn und Zweck. Heilkraft stecke im Aloe, verheißen die Prospekte, Aloe mache schön und jung und geschmeidig, auch «Sex-Cologne for Men» ist im Angebot. Im Laden duftet es wie in drei Paradiesen, die

Münder der Mädchen hier springen zum Lächeln auf, wenn sie des Kundenblicks gewahr werden, als würde eine Stahlfeder gelöst. Zwei Straßen weiter kann der Tourist zuschauen, wie eine robuste Frau mit stoffumwickeltem Hammer kleine Verschlußkugeln in die Plastikflaschen drischt. Dahinter wabern in Kesseln die geheimnisvollen Mixturen.

Von Key West aus stechen Shrimpfischer in die laue See, nachts werfen sie die Netze aus. Das Meer, sagen sie, sei noch immer sauber, ein wenig überfischt womöglich, aber zum Problem werde das nicht. Tagsüber landen die Boote an, dann laufen die leckeren rosa Halbmonde über lange Bänder aus den Bootsbäuchen in die Hallen, Frauen und Männer, meist dunkler Hautfarbe, trennen und verarbeiten zielstrebig, was am Abend in den Lokalen der Inselstadt auf die Teller kommt oder in Kühlautos auf die Reise ins Binnenland geht. Diese Arbeit gewinnt ihre Härte durch die Gleichförmigkeit und unter dem Zeitdruck, in dem sie geleistet werden muß. Vor der Halle lungern ein paar Männer, an diesem Tag gibt's für sie keinen Job. Morgen vielleicht. Nahbei ist eine Kneipe, man kann auch Bier unter einem Holzdach trinken, von der Sonne geschützt. Gaffer oder Photographen sind hier nicht gefragt.

Key West hat seinen lebendigen Künstler, er heißt Mario Sanchez und malt malerisch unter einem Baum in seinem Hof. Das heißt, er puhlt und pusselt mit Messer und Stichel aus weichem Holz eine Art Relief heraus, das er dann anmalt. Seine Vorfahren sind aus Kuba gekommen, seine Motive sind Szenen aus dem guten alten Key West; Begräbnis, Zug der Kinder, Fische, Boote, Palmen. Eben schnitzelt er an einem Fisch herum, dem er ein Auge einsetzt: eine kleine, schimmernde Muschel. Als naive Kunst will das einhergehen, aber es ist sich wiederholendes, sich abnutzendes Kunstgewerbe. Einmal, sagt Mario, habe er in München ausstellen sollen, aber er hätte nicht die geforderten fünfundzwanzig Objekte aufzuweisen gehabt, denn er verkaufe ja alles sofort. Den Namen der Galerie hat er vergessen. Jetzt wolle man ihn in New York präsentieren, nun sei er dabei, diese Zahl an Werken herzustellen. Einige Zeitschriften, in denen er erwähnt wurde, liegen griffbereit, man sieht ihnen häufige Besichtigung an. Mir fällt ein, daß naive Künstler immer beleidigt sind, wenn man sie nach ihrer Ausbildung fragt: Sie schämen sich, wenn sie keine haben, mit Ausbildung schämen sie sich erst recht. Mario Sanchez ist selfmademan durch und durch. Drucke von seinen Erzeugnissen hängen in allen Andenkenläden, die Preise sind happig. Es ist schon ein bemerkenswerter Anblick, wie Mario Sanchez schafft, feurig ist das Auge, breit die Hutkrempe. Ach ja, klagt er, während sein Messer emsig Fischschuppen nachbildet, wo sind sie hin, die guten alten Zeiten, da die Jungen in Key West noch kurze Hosen trugen und Ball spielten. Heute stehen sie mit zwölf an den Straßenecken und rauchen Marihuana. Wenn es auch schwerfällt, Mario Sanchez als bildenden Künstler einzustufen, ein darstellender Künstler ist er auf alle Fälle.

Was wird aus Key West? Darauf antwortet Wright Langley, der Direktor des Historischen Büros, gern und ausführlich. Durch seinen beengten Raum sei es geschützt, ein Badeort wie viele andere an der Ostküste von Florida zu werden. Das Baugesetz mit der Höhenbegrenzung sei gut, im übrigen komme es natürlich auf die Besitzer der alten Häuser und die hoffentlich bald sich engagierenden neuen Bauherren an, daß der Charakter der Altstadt gewahrt bleibe. Mangel erweise sich hier als segensreich: Wasser sei von jeher knapp und werde es bleiben, das schaffe Grenzen. Man werde noch am Südstrand das eine oder andere Motel, das eine oder andere Ensemble von Apartments bauen, dann sei auch hier aller Boden vergeben. Für die Touristen gäbe es bald um das Fort Taylor herum neue Anziehungspunkte, aber auch hier bleibe die Veränderung im Rahmen. Gut so? Noch Fragen? Man sollte öfter mal kehren, denke ich still für mich, was da an Flaschen, Kippen, Schachteln und dürren Palmenzweigen so rumliegt. Was auszusetzen an Key West? fragt Wright Langley frohgemut. Nicht das geringste, smile ich und denke: Bei euch sieht es ja in den Ecken, auch in der gerühmten Duval-Straße, aus wie bei Lehmanns unterm Bett. Oder gehört das zum südlichen Charme, lege ich hier die falsche, die preußische Elle an? Wunderbar bei euch! sage ich und ernte strahlendes Lächeln. Wir beenden das artige Gespräch mit einem Fingerhut voll Kaffee nach kubanischer Art, bittersüßem, konzentriertem Gift.

Was ist das Schönste an Key West? Das sind sein Klima und seine Palmen, Sonne auch im Januar so, wie sie es in Deutschland nicht einmal im Juli schafft, seine Ungezwungenheit, die Freßlokale, die Möglichkeit, zu tun, was keine Fremdenindustrie vorschreibt. Wer beispielsweise der programmierten Tourismushölle von Disney-World nahe Orlando, den genormten Hochhaushotels an den Küsten vor Miami entronnen ist, kann sich hier ein paar ungewöhnliche Tage bereiten. Key West, sagt jeder, ist anders als alles andere; denk bloß nicht, wenn du Key West kennst, kennst du die

USA. Hier begegnen sich spanische Besiedlung vor 150 Jahren, Karibik, Kuba, Hippieglück, Freundlichkeit, ein bißchen Schmuddel. Das kapiert freilich keiner, der mit dem Greyhoundbus für vier Stunden von Miami hierher brummt, sich mit dem Conch Tour Train durchschleusen läßt, kurz bei Hemingway und seiner favorite bar reinschaut, einen Sanchez-Druck und eine Conch-Schnecke kauft und zurückeilt. Der war eigentlich gar nicht hier. Lau schwabbert der Atlantik an die Küste, man muß ein Stück waten, ehe man schwimmen kann. Nichts ist es gemeinhin mit Wellenschlag und Sturmgebraus wie an der deutschen Nordseeküste, aber wart mal ab, bis im Herbst der Hurrikan loslegt. Auch stößt man nicht dauernd auf diese verdammten Weltkriegsbunker wie überall in Dänemark und Holland, und man verklebt sich nicht Zehen, Hosen und Schuhe mit Öl.

Das Meer weit herum ist von Korallenriffen durchzogen. Für acht Dollar kann man mit einem Boot hinausfahren, durch den grüngläsernen Boden starren fernsehverwöhnte Augen hinunter. Jacques Cousteau hat das alles schon bizarrer, besser ausgeleuchtet, farbenprächtiger gezeigt; das gewöhnliche Riffleben stellt sich hier grau, alltäglich dar. Da: eine halb vergammelte Hummerfalle, hinausgetragen durch einen Sturm; und da schwärmen sie heran, die yellowtail-snapper, makrelengroße, hübsche, zutrauliche Kerle, bläulichschimmernd mit gelbem Schwanz. Die Riff-Schausteller locken sie jedesmal mit einer Tüte voll Kartoffelchips unter ihr Boot. Ein kleiner Hai, neugierig, scheu. Blaß wirken alle Korallen im grünen Fenster, in den Schlünden und Schluchten des Riffs wimmelt Kleinleben, der breite Schatten des Bootes darüber und das

Dieseltuckern verbreiten keinen Schrecken. Dann rasch die Rückfahrt, denn die zwei Stunden pro Tour sollen eingehalten werden, so rentabel ist das Unternehmen bei dieser schwächlichen Saison nicht. Zurück bleibt das Meer, auf dem Hemingways alter Mann seinen Fisch fing. Vor Anker liegen zwei Zerstörer und ein paar Hilfsschiffe. Es ist dafür gesorgt, daß Paradiesstimmung einen Dämpfer bekommt.

Man kann dieses Meer auch männlich befahren. Key West preist sich in allen Prospekten als Anglerparadies an, manche kommen vor allem zum Angeln hierher. Vorzugsweise tut man es in der Horde. Ein dazu bestimmtes Boot ist an die fünfzig Meter lang und nennt sich gern «the world largest super cruiser». Tagesfahrt, Rute und Köder inklusive, kostet bis zu 45 Dollar. Von manchen Booten hängen an die achtzig Männer, Mann an Mann, ihre Schnüre ins Wasser. Köder an die Haken, ausgeworfen, eingezogen, Köder erneuert, ausgeworfen, eingezogen, Beute vom Haken, Köder – so geht das Stunde um Stunde. In der Kajüte gibt's Sandwiches, Cola und Bier. Viel Bier. Diese Angelmänner sind zu typisieren: zwischen 50 und 65, musklig, bäuchig, sie sehen aus wie Tankstellenpächter, Viehmakler oder Baustoffhändler, die zu ihren Frauen, Kindern und Angestellten gerecht, aber streng sind. Denen hat auch keiner was geschenkt. Sie tragen Mützen mit Schirmen, die für eine Bank in Minnesota oder eine Supermarktkette in Pennsylvanien Reklame machen. Die Fische, die sie herausziehen, fallen in eine große, gemeinsame Kiste. Kein Jubel bei fetter Beute, kein sichtbarer Neid. Wie's da drin aussieht, geht keinen was an. Einige Aufregung entsteht, als sich einer der vier Frauen an Bord, noch dazu einer Deutschen, die Angelrute wild biegt, aber kein Großfisch zerrt am Haken, sondern eine Riesenschildkröte. Die beiden Profifischer, die immer zur Hand gehen, ziehen das wütende Tier mühselig näher, das bäumt sich, tobt. Da ist alle Trägheit weg, die uns in den Bassins der Aquarien anblinzelt, ein Urgetüm kämpft um sein Leben nicht weniger vehement als ein Hai. Doch Schildkröten dürfen nicht gefangen werden, so kurz wie möglich wird die Schnur gekappt, der Haken bleibt kurz hinter dem Vorderfuß an der narbigen Schwarte, das Tier schießt in die Tiefe. Gleich darauf ist wieder Alltag an Bord, Krabben und Fischinnereien werden auf die Haken gesteckt, die Spitze listig verbergend. Auswerfen, sachte die Rolle drehen . . .

Nach der Fahrt steigen die Männer, die Unterarme sonnenverbrannt, die Stirnen hell unter den Schirmen, in ihre großen breiten Autos und fahren fort. Ohne Fisch. Sie sind Angler, keine Fischesser.

Ich bin Fischesser.

«Arzgebirg, wie bist du schie . . .»

Als ich zum ersten Mal in Oberwiesenthal war, fuhren mit Kränzen beladene Autos über die Grenze ins böhmische Gottesgab, die höchste Stadt Mitteleuropas: Anton Günther hatte sich das Leben genommen. Durch Jahrzehnte hatte dieser plebejische Liedermacher erzgebirgisches Heimatgefühl gestärkt, mit seiner Gitarre war er ungezählte Male aufgetreten und hatte von Häuschen und Bergen gesungen, von den Dreckschenk und der Bimmelbah, ihm hatte das ganze Gebirge als Heimat gegolten, auch der böhmische Südhang: «Deitsch un frei wulln mer sei, un da bleim mer a derbei, weil mer Arzgebirgler sei!»

Stets hatte er mit seinem innigsten Lied geendet, das zum Volkslied über sein Gebirge hinaus geworden ist: «'s is Feierohmd, das Tagwerk is vullbracht.» Bis heute ist kein hinreichender Grund für seinen Selbstmord bekannt. Das geschah 1937 zwischen der Machtergreifung der Nazis in Deutschland und deren Vormarsch ins Sudetenland; politische Spekulationen über den Freitod sind möglich.

An diesem Tag sprang ich, zwölfjährig, im Zechengrund über den Bach, wo ein Grenzstein einen drei Quadratmeter großen reichsdeutschen Brückenkopf markierte. Ich kam nicht auf das überhöhte Ufer zurück und rannte ein paar Schritt durch tschechoslowakisches Gebiet. Meine Eltern schimpften. Am nächsten Tag erzählte ich in der Schule, ich sei im Ausland gewesen.

Es ist ein menschenfreundliches Gebirge. Die Bäume reichen – leider muß man neuerdings hier und da sagen: reichten – bis auf seine gerundeten Kuppen hinauf, Fels tritt an den Flußrändern sparsam und romantisch, nicht gigantomanisch zutage. Vom Nollendorfer Paß oberhalb Dresdens erstreckt es sich über 120 Kilometer nach Südwesten über die Quellen der Zwickauer Mulde und der Zwota hinaus. Von Nordwesten her buckelt es in Wellen auf, nach Südosten fällt es steil ab; über den Kamm, mal links, mal rechts von ihm, läuft eine der ältesten Grenzen der Welt, zwischen Sachsen und Böhmen, heute zwischen der DDR und der ČSSR. Seit man denken kann, wurde sie durch Steine markiert. Es ist eine erträgliche Grenze.

Der Kern des Gebirges besteht aus Gneis und Granit, Glimmer- und Tonschiefer. Als die Erde noch einmal kochte, warf sie Basaltkuppen auf, Bärenstein und Pöhlberg, Scheibenberg, Fichtelberg. Vom Erz hat das Gebirge seinen Namen.

Die ersten Bergleute kamen 1168 aus dem Harz und gruben bei Freiberg nach Silber. Sie wurden fündig und durchzogen das Gebirge in alle Richtungen mit ihren Gängen. Die Städte Annaberg und Schneeberg blühten auf, das böhmische St. Joachimsthal gab allen Thalern und schließlich dem Dollar den Wortstamm. Es war die Zeit des großen «Berggeschreys», dort oben wurde hart gearbeitet und gut verdient, die Bergunternehmer wurden reich und noch mehr die Städte und die sächsischen Fürsten; der erste Organisator hieß Albrecht der Beherzte. Wunderwerke an Entwässerungsstollen schufen die Bergleute über viele Kilometer hinweg, sie waren europaberühmte Meister ihres Fachs.

Jahrhunderte später brachen manche Stollensysteme

ein und hinterließen steinbruchartige Gruben, Bingen genannt, die größten bei Altenberg und Geising. Hier und da, so am Schneckenstein, fallen schräge Spalten in wassergefüllte Dome ab, dem Neugierigen droht Lebensgefahr. Das Gebirge wurde durchwühlt wie ein Käse von Maden. Als das Silber versiegte, der Bergbau schrumpfte, zog Hunger ins Gebirge. 1561 führte Barbara Uttmann die Spitzenklöppelei ein, damit nun die Frauen ihre arbeitslosen Bergmänner ernähren könnten. Von da an bis nach dem Zweiten Weltkrieg war das Erzgebirge immer ein armes Gebiet. Nationalgericht: Pellkartoffeln mit Leinöl.

Der Wald streckt sich stundenweit. Die Fichte herrscht vor, der Industriebaum des 19. Jahrhunderts. Über viele Kilometer ist der Forst düster in seiner Einförmigkeit, hie und da reißen Lichtungen auf, dort grünen Buchen, Erlen und Birken an den Rändern. Die Eberesche, der Vugelbeerbaam des Anton Günther, begrenzt viele Straßen, seine roten Fruchtdolden leuchten durch den Herbst. Die großen Ebereschen kränkeln in den letzten Jahren, sterben ab. Die kleinen Bäume und Büsche hingegen gedeihen.

Schlimm ist das östliche Erzgebirge dran, da liegen die Gründe offen zutage: Aus den Chemiebetrieben im tschechischen Egertal quellen Dämpfe und Gase herauf und töten die Fichten. Winde mischen die Abgase der sächsischen und lausitzischen Kraftwerke und Brikettfabriken dazwischen, dort fand man es vor Jahren schlau, 300 Meter hohe Schornsteine zu bauen und das Gift in den Himmel zu pusten, die Augen davor verschließend, daß es ja irgendwo wieder herunterkommen mußte. Anfang der siebziger Jahre begann es hier oben dramatisch zu werden, die ersten Geisterwälder streckten ihre abgestorbenen Äste, Baumgerippe an Baumgerippe. Seitdem marschiert der Waldtod nach Westen und Norden, auch am Fichtelberg gilben Nadeln. Hier oben begann das mitteleuropäische Waldsterben. Indessen probieren Forstleute, ob etwa Laubbäume besser überstehen. Ob der Fichtelberg in einiger Zukunft Birkenberg heißen wird? Dem Menschen ist mehr zuzumuten als den Fichten: Nahe Olbernhau, im Gespensterwald, liegen nach wie vor Heime, in denen sich Flachländler erholen sollen. Manche kommen aus den Chemiebetrieben von Leuna und Bitterfeld mit ihrer verpesteten Luft.

Alte Karten verzeichnen Moore in Kammnähe, unterdessen sind viele trockengelegt oder verkleinert. Der Kenner findet hier seltene Pflanzen, Orchideen, Gräser. Mein Onkel Hellmuth war Studienrat für Biologie in Auerbach. Sein Leben lang durchwanderte er das Gebirge und zeichnete auf Karten ein, wo welche Pflanze stand. Er hatte das letzte Streifchen markiert, wo sich Höhenkiefer und Schwarzerle – oder war's eine andere Erle? – gutnachbarlich vertrugen. Als ich nachsah, hatte dort ein Betrieb gerade Platz für ein Ferienheim in den Wald geschlagen.

Viele Orte führen die Tanne im Namen oder Wappen. Aber die Tanne ist nahezu ausgestorben. Verstreut harren struppige Veteranen, zerzauste Einzelkämpfer; der Forstmann schont einen jeden. Um sie herum sucht man den Boden vergebens nach Nachkömmlingen ab.

Auch die Pilze, die Schwammerln, besang Anton Günther. Legenden gehen um, wie Birkenpilze und Maronen waschkorbweise hereingeschleppt wurden. In den letzten Jahren sind's immer weniger geworden. Weil zu viele Städter, rasch mit dem Auto am Tatort, die Bestände metzeln? Weil das Düngen des Waldbodens das Geflecht zerstört? Auch hier das böse Lied: Es gibt keine Maikäfer mehr.

Das Erzgebirge hat seinen Helden: Karl Stülpner. Ende des 18. Jahrhunderts wuchs er als Häuslerssohn unterhalb der Burg Scharfenstein auf. Für sein Leben gern wäre er Förster geworden, aber er mußte Soldat sein, desertierte, verdingte sich als Forstaufseher, bis er schließlich im großen Stile zu wildern begann. In einer Höhle hauste er, Kumpane liefen ihm zu, seine Beute verkaufte er nach Böhmen und an heimische Gastwirte. Seine geschundenen, gedemütigten Landsleute schauten zu ihm auf: Wenn sie es selber schon nicht wagten, der Obrigkeit die Zähne zu zeigen, so tat's wenigstens der Stülpner-Karl. Er narrte die, gegen die sie selber nicht ankamen, Gendarmen, Soldaten, Gerichtsleute. Als ein Förster einer armen Frau den Korb, in dem sie Pilze gesammelt hatte, zertrat und ihr das aufgelesene Holz vom Rücken riß, sprang Stülpner aus dem Busch und hielt seine gefürchtete Büchse vor: Auf Heller und Pfennig mußte der Förster den Korb ersetzen, zähneknirschend das Holz wieder zusammenbinden und der Frau auf den Rücken heben. Auf den Kopf des Stülpner-Karl war eine Fangprämie ausgesetzt, aber er lebte im Volk wie ein Fisch im Wasser.

Sein Ende?

In einem verbreiteten Roman neigt sich der Hubertushirsch vor ihm, Stülpner steigt ihm auf den Rücken und hält sich am schimmernden Kreuz zwischen dem Geweih fest; so entschwinden sie in der Dämmerung. In einer Serie des DDR-Fernsehens, das immer auf revolutionäre Traditionen erpicht ist, zieht er mit einigen Revoluzzern in ein anderes Land, um dort den Kampf gegen die Herrschenden erst richtig aufzunehmen; die Filmmusik gibt sich kämpferisch. Legende klingt am schönsten, wenn Helden jung sterben.

Karl Stülpner aber wurde uralt. Als er über vierzig war, hatte er die feuchten Wälder satt, wollte behaust sein und heiraten. Bis zum Kurfürsten wurden Fäden gesponnen, der sagte ihm Straffreiheit zu, falls er zu seinem Regiment zurückkehre; später einmal wolle man ihm eine Försterstelle geben. So zog er denn noch einmal in eine dumpfe Kaserne, wurde ordnungsgemäß entlassen, aber die Försterstelle bekam er nie. Als Kneipier versuchte er sich in Sachsen und Böhmen, machte pleite, ließ sich am grauen Star operieren und tappte schließlich als halbblinder Greis durchs Gebirge und erzählte in den Schenken für eine Wurst und ein Bier seine Abenteuer.

So will das Volk seine Helden keineswegs, und so verschweigt es das Ende. Darüber, wie die Herrschenden den unbesiegbaren Wildschütz schließlich doch aufs Kreuz legten und wie er verdarb, schrieb ich eine Novelle. Wenn ich daraus in seiner Heimat vorlas, erntete ich Befremden.

Das Erzgebirge hat seine Volkskunst. Ein Drechsler namens Füchtner erfand vor 125 Jahren den berühmten Nußknacker. Füchtners Haus in Seiffen bei Olbernhau steht heute noch, dort wird in der fünften Generation gedreht, bemalt. Undenkbar, etwa Stülpner oder einen Bergmann als Nußknacker zu formen. Diese Figuren sind den Unterdrückern des armen Mannes vorbehalten: König, Gendarm, Förster.

Früher war das Drehen, Schnitzen und Bemalen die Arbeit der ganzen Familie von der Großmutter bis zum Kind, es war eine Hungerarbeit für Hungerlöhne. Kuh und Pferd, Häuschen und Bäumchen entstanden in Serien, wir alle haben als Kinder damit gespielt. Adventsstern, Engel und Bergmann, der Schwibb-Bogen, symbolisierend das Tor des Schachtes, aus dem der Bergmann ins Freie tritt – das wiederholt sich, von Dorf zu Dorf abgewandelt. Aus dem Osterzgebirge kommen die Nußknacker, aus dem westlichen Teil die Engel mit dem Minihemdchen und dem süßen Po, aufmarschierend als großes Orchester oder als Blumenkinder.

Glanzstücke sind die Pyramiden, Eigenbau nach Möglichkeit, bewahrt durch Generationen. Da zieht die Heilige Familie im Kreis samt Königen aus dem Morgenland und den Söldnern des Königs Herodes, da drehen sich die Tiere des Waldes, der Händler aus Böhmen und die Musikanten, manchmal auch der Gendarm mit dem Häftling an der Kette.

Das Spielzeugmuseum in Seiffen zeigt alles von den historischen Anfängen an, die Halbfabrikate, die Fertigungsmethoden und die Werkzeuge. Es ist ein Paradies für Kinder und für alle, die sich ihrer Kindheit erinnern mögen. Ein Stück Hölle ist dabei: Am Rande liegt die halbkuglige Kuppe einer V 1, mit der Hitler England zusammenschießen wollte, im letzten Krieg in Seiffen kunstvoll geleimt von Händen, die sich aufs Holz verstanden. In diesem Museum kann man Spielzeug kaufen, Wandteller, allerlei Kitschiges ist dabei. Unübersehbar ein Schild: «Nußknacker nicht vorrätig.» Die Verkäuferin möchte nicht hundertmal am Tag die gleiche abschlägige Antwort geben. Die Nußknacker gehen in den Export bis auf einen verschwindend kleinen Rest. Nirgends gewahrte ich solche Rudel von Nußknackern, gewaltige himmlische Heerscharen, massenhaft Weihnachtsmänner und Pyramiden auch zur Sommerszeit wie in Rothenburg ob der Tauber. Dort harren sie besonders der US-amerikanischen und japanischen Touristen. That's Old Germany, is'n it?

Wo ist das Erzgebirge am schönsten? Vom Egertal aus erscheint es als den Horizont begrenzende Wand. Wer an einem klaren Tag von den Bergen über Karlovy Vary, dem gewesenen Karlsbad, nach Norden blickt, sieht Gipfel neben Gipfel in imponierender Kette, selten ist der höchste Rücken weiter als acht Kilometer vom Fuß entfernt. Von Nordwesten her, aus dem Vogtland heraus, beginnt das Gebirge mit vorgelagerten Höhen und grünen Tälern, mit Talsperren darin, sanft ist anfangs das Land, lieblich.

Ganz so lieblich ist es jetzt schon nicht mehr, mancher ehemals gewundene, baumumstandene Bach wurde begradigt und fließt nun rasch durch betonbewehrte Rinnen, auf daß rechts und links Raum werde für landwirtschaftliche Maschinen. Wer hier wandert und wer noch einen Weg findet zwischen den immer größer werdenden Feldern und Weideflächen, hat den Blick nach allen Seiten frei.

Wer von Osten her streift, wandert über Höhen, in die Flußtäler steil einschneiden, oben ist Weite und immerzu Wind, er kann den Wolken zuschauen von einem Horizont zum anderen. Im Zentrum ragen auf einer Basis von 650 Metern über dem Meer mit den Städten Annaberg, Eibenstock, Schneeberg und Marienberg die höchsten Gipfel auf, so der Fichtelberg auf sächsischer Seite, nur überragt vom böhmischen Klínovec, dem ehemaligen Keilberg mit 1244 Metern über der Ostsee. Dunkel sind hier die Wälder, klar alle Wasser.

So schneesicher wie dieses ist kein anderes Gebiet in

der DDR, an den Wintertagen sind die Hänge bunt von Anoraks, Lifte gibt es hier und Schanzen, Hotels und Ferienheime. Eine vorzügliche Straße führt hinauf von Karl-Marx-Stadt (Originalton sächsisch: Gormorgsschdodd), die F 95, ihr Ausbau hat schöne, alte Alleebäume gekostet. Einige wenige Kleinbahnen werden in der DDR überdauern, darunter die von Cranzahl nach Oberwiesenthal, der Fahrgast kann von der Plattform aus beinahe in die Zweige greifen. In den Abteilen stehen eiserne Öfen; wem's zu kalt ist, der legt ein Brikett nach.

In den Straßen von Oberwiesenthal, an den Skihängen des Fichtelberges und oben um die Baude herrscht Betrieb wie auf Großstadtstraßen, aber tausend Meter vom Ballungsraum entfernt wandern nur noch wenige. Felsig bricht diese Höheninsel ins Pöhltal ab, dazwischen liegt mein Geheimtip, breiten sich die Wälder um Tellerhäuser und Rittersgrün, abseits der Straßen, ohne Ansichtskartenbuden und Bockwurststände. Andere schwören auf die Krokuswiesen von Drehbach im zeitigen Frühjahr.

Wo ist es am wenigsten schön? Im 19. Jahrhundert drang die Industrie vehement vor, hier fand sie billige, willige Arbeitskräfte; in jedem Flußtal führte eine Eisenbahn beinahe bis zur Quelle. Über Brücken, durch Tunnel, mal auf dieser, mal auf jener Seite des Wassers wurde Platz für die Gleise gebrochen. Dort stehen sie heute noch und können sich nicht dehnen: Spinnereien, Webereien, metallverarbeitende Betriebe, Sägewerke, die viele Flüsse so enorm belastenden Papierfabriken – Wehre stauen den Fluß alle paar Kilometer an und schicken das Wasser über Turbinen. Häuser für die Arbeiter wurden aufgeziegelt an kurzen, steilen Straßen. Nach dem Zweiten Weltkrieg, der oberhalb von Karl-Marx-Stadt, wenn man von dem böse gebombten Plauen absieht, kein Haus und kein Werk und keine Brücke zerstörte, wurde nur im kleinen Stil umgebaut, erweitert, modernisiert. Und so stehen ganze Stadtkerne ohne ein neues Haus.

Hier ist seit 100 oder 80 Jahren wenig, seit 50 Jahren so gut wie nichts getan worden. Löchrig sind Dächer, grindig Fassaden. Nun wachsen die Reparaturen über den Kopf. Was spätestens seit Beginn des letzten Krieges versäumt wurde, läßt sich nicht aufholen; diese Stadtkerne werden zu großen Teilen Straße um Straße zusammenbrechen. Die Frist bis dahin ist kurz.

Anders in den Dörfern. Da wird gemauert, geputzt, an Feierabenden und Wochenenden wird bienenfleißig an den Häuschen angebaut, aufgestockt, Platz für große Fenster in die Mauern gebrochen. Neue Garagen, Tore, Zäune – hier ist es wie überall in der DDR: «Haste Zement?» – «Ich brauch Träger, Ziegel, ich könnt' dir mit 'nem Klosettbecken aushelfen, oder gar mit Fliesen.» – «Mein Junge hilft dir beim Dachdecken, könnte dafür dein Schwager bei mir . . .»

Was wäre die DDR ohne ihre Sportler? Bei den Winterolympiaden von Lake Placid und Sarajevo heimste die DDR mehr Medaillen ein als jedes andere Land. Ihre Winterathleten stammen aus ein paar Städtchen und Dörfern im Erzgebirge und dem Thüringer Wald, dort wohnt in fast jeder Straße ein Medaillenträger. Vor Jahren bestand in Oberwiesenthal ein Leistungszentrum für alpine Sportarten, aber die Hänge waren für ein erfolgbringendes Training nicht lang und nicht schneesicher genug. Jahrelang quälten sich die DDR-Abfahrtsspezialisten den Weltbesten hinterher, und 45. oder 62. Plätze bringen wenig Prestige. Da wurde der Rennschlittensport zur olympischen Disziplin erhoben, Europa- und Weltmeisterschaften wurden ausgeschrieben – sofort stellte die DDR um, nicht Alpine jagten fortan über die Hänge, sondern Schlittensportler die Eisrinnen hinunter. Talente aus Oberwiesenthal und dem thüringischen Oberhof schlugen bald die Bundesdeutschen, die Italiener und was sich sonst noch für Elite halten durfte.

Seit langem stellt die DDR starke Mannschaften im Skispringen, jedes Jahr trumpft sie mit neuen Namen auf. Mächtige Schanzen ragen bei Oberwiesenthal, am Aschberg und nahe Oberhof. Neben beinahe jedem Dorf steht eine kleine Schanze im Wald, im Sommer belegt mit Kunststoffmatten, die ein Trainieren auch in Sonnenhitze gestatten. Hier übt der örtliche Nachwuchs, die Breite, aus der die Spitze wächst. Walter Ulbricht schuf die Grundlagen für die Geltung des DDR-Sports. Von Ulbricht stammt das Wort, Sportler seien Diplomaten im Trainingsanzug. Das hatte Gewicht, als es DDR-Diplomaten wegen der Hallstein-Doktrin in aller Welt nicht gab. Auch nach der Anerkennung der DDR und ihrem Einzug in die UNO hat die Förderung nicht nachgelassen. Das, was in der DDR am besten klappt, ist der Leistungssport. Was hat der schon gekostet!

Der Sport gehört zum Erzgebirge wie zu jedem anderen Landstrich der DDR. Einmal hieß der DDR-Fußballmeister Wismut Aue, heute mogelt sich diese Mannschaft Jahr für Jahr am Abstieg vorbei. Aue war an die zehn Jahre das Zentrum des Abbaus von Uranerz, betrieben von der SDAG Wismut, einer sowjetisch-deutschen Aktiengesellschaft. Alte Stollen wurden reaktiviert, neue Schächte abgetäuft. Wieder hallte Berggeschrei; wer Kraft in den Muskeln hatte in der schlimmen Zeit nach dem Krieg, wurde dorthin dienstverpflichtet. Weniger irgendeine Art von Idealismus trieb die Männer unter Tage, sondern der Befehl. Die Alternative war einfach: Wer nicht gehorchte, bekam keine Lebensmittelkarten mehr, folglich wäre er nach einer Woche tot gewesen. Geld wurde gescheffelt und mit vollen Händen ausgegeben. Wer vor Ort trocken bohrte, kam schneller voran und strich Tausende ein; nach kurzer Zeit war seine Lunge versteint. Die größten Verdiener von damals liegen längst auf dem Friedhof. Die Legenden um sie geistern noch: Wie sie in zwanzig Taxis nach Dresden fuhren, auf dem «Weißen Hirsch» Sekt soffen bis zum Umfallen, zurückjohlten und eine Stunde später wie ein Mann zur Schicht antraten. Oder wie die Polizei einen Zug von Aue hinunter nach Zwickau anhalten wollte, weil Kumpel auf Puffern und Dächern saßen, wie sie der Polizei eine Schlacht lieferten, die Schnapsflaschen schwingend, und die Fahrt erzwangen. Als das Wasser des Filzteichs in die Stollen brach – wie viele Tote? Eine Stadt wurde abgerissen, weil darunter bestes Erz lagerte, Johanngeorgenstadt; danach wurde sie zu locker, gebirgsfremd wieder aufgebaut, sie fügt sich nicht in die Landschaft, und der Wind fegt von allen Seiten hinein.

Was damals im Erzgebirge geschah, reizte Schriftsteller und Filmemacher. Einer war Werner Bräunig. Ein Kapitel wurde in einer Zeitschrift abgedruckt, «Rummelplatz», es war heftig und deftig und löste eine Krise in der Kulturpolitik aus. Das geschah 1965, sogar im Zentralkomitee der SED wurde gestritten, Christa Wolf setzte sich für Bräunig ein und fand sich vor der nächsten Wahl nicht mehr auf der Kandidatenliste. Der Roman starb, nun ist auch der Autor tot.

Ein Film wurde um das Jahr 1955 gedreht, «Sonnensucher». Um ihn schäumte sofort heftige Debatte, nach einigen Vorstellungen wurde er eingesargt. Als er zwanzig Jahre später im Fernsehen lief, fragten sich die Zuschauer: Was war eigentlich an ihm auszusetzen gewesen? Einige Erzählungen und Romane sind dennoch erschienen, sie sind saftlos. Es war schon schwierig, diesen gewaltigen Stoff zu beherrschen: Mit dem Uran von Aue und Schlema baute die Sowjetunion ihre ersten Atombomben und stellte das atomare Gleichgewicht mit den USA her. Kulturpolitiker der DDR argumentieren: Hier im Erzgebirge wurde der Weltfriede gerettet.

Heute wird im Erzgebirge nur noch in wenigen Stollen Uranerz abgebaut, und das in hochmodernen Gruben. Kein Klondike mehr. Halden über Halden blieben zurück und verschandelten den Wald. Wie scheußlich sah das aus am Schneckenstein, als die Wismut-AG abzog! Spitze Halden stachen in den Himmel, daneben klafften Krater, Schrott lag herum, Gelumpe – es war wie nach einem Atombombenangriff, hier hätte man einen utopischen Schockfilm drehen können. Unterdessen sind die Kegel abgeflacht zu Skihängen, die Gruben ausgefüllt, Fichten sind ins Geröll gepflanzt. An anderen Stellen, so oberhalb von Schwarzenberg, haben Bulldozer den Bergwerksauswurf an den Hang geschoben, dem Gelände angepaßt.

Es gibt keine Armut mehr; Fabriken sind entstanden, wo Platz in den Tälern war. Waschmaschinen werden in Schwarzenberg gebaut, Kühlschränke in Scharfenstein, Motorräder in Zschopau, Uhren in Glashütte. Die Betriebe sind immer wieder modernisiert worden,

Neubauviertel mit Kaufhallen und Schulen wurden aufgeschachtelt. Hier wird nicht anders gelebt und gearbeitet als in jeder Stadt der DDR. Die Drechsler und Schnitzer sind zu Genossenschaften zusammengeschlossen.

Originale werden rar unter diesen Umständen. Eines ist der Grafiker Carl Friedrich Claus aus Annaberg, er wohnt in einer mit Büchern vollgestopften Katakombe unter dem Kino, von dessen Heizung er in Notzeiten profitierte, und ernährt sich von den Ideen Ernst Blochs und einer Mischung aus halb Wasser, halb Nescafé. Seine Zeichnungen sind beidseitig auf Transparentpapier gekritzelt, viel haarfeine Schrift ist dabei, er greift die große Politik auf, die sowjetische Revolution etwa, die Geschichte Prags, auch die Ängste des Menschen, die Hirnströme und die Gefühle der Pflanzen. Seine Objekte soll man zwischen Glasscheiben frei aufhängen. Lange Zeit hatte er es schwer in seiner Heimat, er war längst im Ausland anerkannt, als die Kunstrichter des Bezirks noch die Stirn runzelten und die Nase rümpften. Jetzt fehlt er in keiner Ausstellung.

Ein Original war August Schramm, er starb vor einigen Jahren, ein kleiner Mann mit aufgeregter Stimme. Er brannte seine Sprüche in Holz und verkaufte die Brettchen. Eines seiner Glanzstücke unter der Überschrift «Bergwerksunglück» lautet so:

Rumpeldipumpel –
weg ist der Kumpel.

Und dann reimte er noch dies:

Arzgebirg, wie bist du schie,
Atombomb druff, und du bist hie.

Nun ist das Erzgebirge wieder als literaturwürdig empfunden worden: Stefan Heym schrieb einen Roman mit dem Titel «Schwarzenberg». Zu dessen Story habe ich ein enges Verhältnis: Im Mai 1945, in diesem unvergleichlichen Frühling, der allen, die ihn auf deutschen Straßen erlebten, als der zeitigste, himmelblaueste des Jahrhunderts in Erinnerung ist, zog ich, im Felde besiegt, ein US-Entlassungspapier in der Tasche, von der Oberpfalz gen Norden, heimwärts. Im vogtländischen Auerbach, im Haus der guten Tante, quartierten GIs. Ein paar Kilometer weiter, hörte ich von den Neffen, beginne Niemandsland, da sei kein Ami und kein Iwan, erst in Chemnitz begegne man der Roten Armee.

Zweihundert Meter abseits vom Schlagbaum zwängte ich mich durch den Busch, dann wanderte ich durch Rumpfdeutschland, durch den Landkreis Schwarzenberg, erbat bei einer Bäckersfrau eine Scheibe Brot. Franzosen, die Trikolore auf dem Handwagen, zogen entgegengesetzt, wir winkten uns zu. «La guerre est finie.» In Aue hieß es, ein Zug werde zusammengestellt und führe nach Chemnitz hinunter, in zwei Stunden oder drei. Da sicherte ich mir einen Sitzplatz auf dem Trittbrett, zurrte den Rucksack fest, dann zockelte der Zug, auch auf Dächern und Puffern beladen, durch Felder und Dörfer, gewinkt wurde und gelacht, denn wir waren alle noch einmal davongekommen. Die Bauern säten, Lerchen jubilierten wie verrückt, der Himmel war ohne Kondensstreifen, kein Jabo würde unseren Zug zur Sau machen. Auf dem Bahnhof in Chemnitz begegnete ich meinen ersten Rotarmisten.

Das einige Wochen anhaltende Vakuum Schwarzenberg hat sich Stefan Heym für einen Roman vorgenommen. Seinen Amerikanern ist nicht klar, ob sie bis zur

West- oder Ostgrenze des Kreises Schwarzenberg vorrücken sollen: «Die oben haben schon wieder Mist gebaut.» Der Sergeant, der für die Karten zuständig ist, wirft eine 25-Cent-Münze, Kopf ist West, Wappen Ost. So ganz ernst, das ist schon auf den ersten Seiten spürbar, nimmt Heym dieses Stück Weltgeschichte nicht.

Es wird in Schwarzenberg wie in meiner Stadt Mittweida gewesen sein, zwanzig Kilometer nördlich von Chemnitz; auch sie war einige Zeit Niemandsland. Wehrmachtslager wurden geplündert, ehemalige SPD- und KPD-Mitglieder banden sich weiße oder rote Armbinden um, überredeten einen parteilosen Rechtsanwalt, den Bürgermeisterposten zu übernehmen. Die niedrigeren Ränge der Verwaltung funktionierten weiter, die höheren verkrochen sich. Notwendigste Versorgung wurde aufrechterhalten, und alle warteten auf eine neue Regelung, selbst wenn sie von den Russen käme, denn Ordnung muß sein. Vor allem in Sachsen. Fremdarbeiter schlachteten ihres Bauern fettestes Schwein, manche ließen den Bauern mitessen. Verwunderlich wenig Rache, wenig Selbstjustiz. Und sofort war sonnabends Tanz.

In diese Welt hinein stellt Stefan Heym ein Figurenensemble, das es ihm gestatten soll, über platten Realismus hinauszugreifen. Er beginnt sein Spiel: Was wäre, wenn sich diese Republik, die er in den Köpfen einiger seiner Gestalten geistern läßt, bewahrt und entwickelt hätte als zweites Luxemburg, Pufferstaat mit florierendem Ost-West-Handel, Drehscheibe, mit einem Spielkasino gar?

Heyms Lieblingsakteur ist Wolfram, ein Jude, der Todeszelle beim Angriff auf Dresden entronnen. Aus Schwarzenberg stammt er, hierher kehrt er zurück, er wird zum Chefideologen der jungen Republik, deren Verfassung er entwirft: «Er begab sich zurück an den Tisch, um zu notieren. Die Wirtschaft der Republik dient der sozialen Gerechtigkeit, ohne die alle Rechte und Freiheiten illusorisch sind. Wieder der kategorische Ton, aber an dieser Stelle war er angebracht. Danach ging es nur noch um die zugehörigen Einzelbestimmungen, deren endgültige Formulierung man später ausarbeiten konnte: Als erstes: ‹Alle Banken, Bergwerke, Hütten und Großbetriebe werden Gemeineigentum.› Gemeineigentum jedoch war eines von jenen großen Worten, mit denen sämtliche Demagogen sich schmückten . . .»

Doch nicht nur spintisiert wird im Buche, es geht auch handfest zuwege: Gauleiter Mutschmann hat sich in einer Jagdhütte oben am Kamm versteckt, ihn spüren Aktionsausschußmitglieder auf, um ein Haar hätten sie einen hochkarätigen Staatsgefangenen, aber sowjetische Freunde aus dem benachbarten Oberwiesenthal leisten brüderliche Hilfe. Parodie auf den bornierten, häßlichen Kraut amerikanischer Filme, bei dem man sich wundert, daß ihm nicht Büffelhörner aus affentiefer Stirn wachsen, gelingt Heym mit dem Unteroffizier Stülpnagel, einsneunzig. Der hat einen willfährigen Gefreiten in seiner Meute: «Egloffstein trottet gehorsam ab und bringt seinem Freund und Beschützer das Gewünschte. Dieser entnimmt dem Beutel ein Paar Offiziers-Epauletten, die er, er weiß selbst nicht warum» (der Autor weiß es natürlich wohl), «an einem böhmischen Straßenrand aufgelesen hat, wohin sie irgendein flüchtender Hauptmann geworfen haben muß. Steck sie mir an, befiehlt Stülpnagel. Gefreiter Egloffstein reißt erstaunt die Augen auf, aber er gehorcht und bemerkt mit weiterem Erstaunen, welcher Wandel über Stülpnagel kommt, sobald der, ausgestattet mit den neuen Rangabzeichen, auf seinen Haufen zuschreitet: Sein Gang wird anders, leicht federnd, er zieht den Bauch ein und reckt den Hals und stößt das Kinn kühn nach vorne.» Fertig ist der Räuberhauptmann, der Versprengte um sich schart und mit ihnen die Weiler des Gebirgskamms terrorisiert.

So geht es durch die sechs Wochen der Republik Schwarzenberg, die Fremdarbeiter werden repatriiert, die sowjetischen gehen einer ungewissen Zukunft entgegen. Natürlich will keine Siegermacht diese seltsame Republik, und die Sowjets wollen sie schon gar nicht. Mit drei Panzern und einer halben Kompanie Soldaten rücken sie schließlich ein. Aus der Traum.

Eine rätselhafte Figur im Buche ist Justine Egloffstein, verstummt nach dem Bombenangriff auf Dresden; erst auf den letzten Buchseiten findet sie die enthüllende Sprache wieder. Fast zur Hälfte der handelnden Personen steht sie in verschlungenen Beziehungen, ganz zuletzt, im Salon des Fabrikanten Münchmeyer, wird der Knoten mitten durchgehauen. Das ist – der Name Münchmeyer gebiert Assoziation – das ist wie bei einem der frühen Karl-May-Romane, die im Verlag Münchmeyer erschienen, wenn gegen Ende hin der echte Grafensohn, als Kind geraubt und vertauscht, jegliche schnöde Ranküne jäh zum Platzen brachte. Bedeutet der Name Münchmeyer eine subtile Huldigung des Autors an den großen Sachsen Karl May, dessen Wiege zu Füßen der kurzzeitigen Republik Schwarzenberg stand?

Die literarische Welt ist ein Dorf.

Kraków und nahebei

1.

Man kann auch mit dem Flugzeug in Kraków ankommen. Die Betonbahnen des Plätzchens sind schmal und kurz. Das Gras neben ihnen wird gepflegt, daß Heu daraus werde, jeder Quadratmeter wird sauber mit dem guten, alten Grasmäher und zwei Pferden davor oder der Sense geschoren. Beinahe unter den Tragflächen der ausrollenden Propellermaschine häufeln Bauern das Heu auf und werden es sorgsam in die Scheuer tragen für Kuh und Pferd, Ziege und Kaninchen. Kann ein Flugplatz heutzutage so klein sein? Neben dem Aussteigenden werden Koffer aus der Heckwanne geladen und ein paar Dutzend Meter gekarrt, dort nimmt sich jeder das Seine. Kärtchen werden verglichen, und schon hindert keine Schranke mehr, der Inlandflug von Warschau her ist nach einem Stündchen beendet, jeder steigt in wartenden PKW oder Bus, durch Feld und Wald geht's hinein nach Kraków. «LOT» fliegt von der Hauptstadt aus Bydgoszcz, Gdańsk, Katowice, Koszalin, Kraków, Poznań, Rzeszów, Szczecin und Wrocław an; manche dieser Städte sind obendrein untereinander verbunden. Vor dem Flughafengebäudchen von Kraków stehen brummend die Schnellbusse nach Zakopane.

Kraków hat Glück gehabt im letzten Krieg wie keine andere Stadt in Polen, das Glück des Blitzvorstoßes der sowjetischen Panzer zu Beginn des Jahres 1945, keine

Bombe fiel auf ihre Mauern und keine Granate, jedes alte Haus ist tatsächlich alt und nicht nach vergilbten Plänen neu gebaut wie die Altstadthäuser in Warschau und Gdańsk. Kraków – kein Wort diesmal über den über alle Worte erhabenen Altar in der Marienkirche, kein Wort über die Königsgräber des Wawel, die Tuchhallen, die Barbakane – es kann nicht in allen Büchern dasselbe stehen. Worte aber sollen sein über Leonardo da Vincis Gemälde «Dame mit dem Hermelin», das im Czartoryski-Museum in einem restaurierten Gebäude der mittelalterlichen Stadtbefestigung hängt, genau so überschwengliche Worte wie die der amerikanischen Touristen in der Halle des nahegelegenen Hotels «Francuski», die sich nicht genug tun können mit ihrem «so beautiful, so beautiful» und ihre Verwunderung kundtun, daß alle Welt nach Paris wallfahre, um «Mona Lisa» zu sehen, aber sei «Die Dame mit dem Hermelin» nicht weitaus schöner? Und wer nach Kraków käme und die Tuchhallen seien wegen Inventur geschlossen, die Marienkirche werde renoviert und der Wawel sei rammelvoll, daß keine Maus hineinkönne – «Die Dame mit dem Hermelin» allein lohne. In der Mitte des Hauptsaales hängt sie, eine Kordel läßt dich auf zwei Meter heran, und da schaut sie, und du schaust, und da ist nicht das vertrackte Lächeln der Schwester aus dem Louvre, vielmehr dieser gelassene, ruhige, schöne Blick, die Dame sagt dir: Nun erzähl mir doch was! Sie fragt: Bitte, haben Sie etwas auf dem Herzen? Natürlich ist der Andrang, besonders zur Sommerszeit, fürchterlich, hier geht es zu wie vor der «Sixtinischen Madonna» in Dresden oder in der Eremitage in Leningrad, Reisegruppen, Schulklassen werden vorbeigeschleust, die Schallwellen verschiedensprachiger Erläuterer überlappen sich. «Als Maler kann ich so viel als irgendeiner, wer er auch sei», schrieb Leonardo an den Regenten von Mailand, als er in dessen Dienste treten wollte; der Brief ging zu den Kaderakten. Damit habe er durchaus recht gehabt, bestätigen ihm heute Museumserklärer in polnisch, russisch, englisch und deutsch, Leonardo sei einer der ersten gewesen, der ernste Studien der malerischen Anatomie betrieben habe, er habe der Schattenlehre seine Aufmerksamkeit zugewendet und seinen Gestalten eine Abrundung gegeben, wodurch sie sich vom Hintergrund zu lösen scheinen. Er habe das Helldunkel, das Chiaroscuro, in seinen Werken gezeigt und in seinen Schriften gelehrt. Und endlich habe er erkannt, daß die Natur keine haarscharf gezogene Umrißlinie kenne, und sich bemüht, die Kontur weich, verblasen, fumato zu geben. Dreißig Schüler aus Wrocław rücken weiter, machen siebzehn Australiern Platz, die drei Japanern, die siebenundzwanzig Ukrainern, die zwanzig Lehrlingen aus Gotha. «Als Maler kann ich . . .» Wird es das weitere Anschwellen des Tourismus in absehbarer Zeit angeraten sein lassen, die Perlen der Kultur aus dem Massenbetrieb herauszunehmen? Wer von sich aus «Die Dame mit dem Hermelin» sehen will, wird sie auch ohne Gruppenauftrieb finden. Man bemerkt Dreizehnjährige am Rande beim Kaugummihandel. Nicht im mindesten erstaunt betrachtete die klassische Dame auch das.

Kraków könnte eine Idealstadt sein. Es besitzt einen aus dem Mittelalter heraus gewachsenen Kern, der alle seitherigen Baustile aufweist, der ein baugeschichtliches Museum darstellt ohne feierliche oder sterile Musealität, der lebt und bewohnt wird und atmet, wo aus Widerstreit und Zusammenklang von Bewahrtem und

Heutigem eine spannungsvolle Diesseitigkeit entsteht. Ehe allen jahrhundertealten Gebäuden der Schwamm aus den Grundmauern und der Modergeruch aus den Hausfluren vertrieben ist, müssen Jahre vergehen, da nutzt es nichts, flink Fassaden zu tünchen. An manchen frühen Renaissancebauten ist seit zweihundert Jahren nicht viel gebessert worden, jetzt stechen hölzerne Schuttrinnen aus Fensterhöhlen, von Grund auf muß restauriert werden. Das kostet Zeit, Geld, Kraft, und Polen hat wie jedes Land nicht nur die eine Notwendigkeit vor sich, das Alte zu bewahren. Die Zeiten sind hart, und vom nahen Nova Huta und dem nicht fernen oberschlesischen Industriegebiet treibt so viel Wolkengift heran, daß die Steine bröseln. Sind auch die sächsischen und lausitzischen Dreckschleudern beteiligt, die von Rhein und Ruhr sogar? Wenn Kraków gerettet werden kann, woran nicht wenige zweifeln, wie steht es neben den modernen Städten dann da, auch gegenüber der Altstadt von Warschau, der vielbesungenen, die aus der Asche heraus unter Opfern des ganzen Landes wiederaufgebaut wurde und heute den Studenten und Touristen gehört, ein abgeschlossener Baukörper inmitten einer im ganzen total anders gearteten Stadt? Ein Hauch von Puppenstube, von Märchenland, so werden die Krakówer in dreißig Jahren vielleicht sagen – liegt es nicht über der Altstadt von Warszawa? Aber die Altstadt Krakóws, zehnmal so groß, ist in der Tat das Zentrum der Stadt und keine Reservation, an ihr hängen heute 660 000 Menschen mit tausend Fäden.

Zur idealen Stadt brauchte Kraków eine Untergrundbahn. Als zwischen 1819 und 1830 die Festungsanlagen geschleift wurden, entstand ein breiter Gürtel einer Ringstraße mit Grünanlagen, die Planty. Hundert Jahre lang reichte diese Verkehrsader aus, heute ist zur Hauptverkehrszeit kein Durchkommen. Ein zweiter Ring fängt ab, leitet vorbei, aber auch er genügt nicht mehr. Zur Idealstadt brauchte Kraków eine Verkehrslösung unter der Erde, die Menschenmassen unsichtbar schleust, die Touristen ins Zentrum hinein und wieder heraus, die 50 000 Studenten von ihren Heimen zu den Universitäten und Hochschulen, und natürlich und vor allem die Einheimischen von zu Hause zum Arbeitsplatz und zurück, daß nicht kostbare Lebenszeit alltäglich zerschunden wird durch Warten und Drängeln und Stehen. Kraków wird seine U-Bahn bekommen, nicht morgen, aber wenn es sie erst hat!

Am Fuße der Burg zur Wisła hin klafft der Stein, ein Höhleneingang droht; um ihn geht die Sage: Ein Drache züngelte dort periodisch und heischte seine Leibspeise, eine Jungfrau, bis ihm ein tapferes Schneiderlein den Garaus machte. Heute steht dort ein eiserner Kunstdrache mit Gasanschluß, in seinem Rachen ist sichtbarlich ein elektrischer Feueranzünder installiert, und so speit er Flammen in gemessenen Abständen zur Freude aller kindlichen Gemüter. Nahebei legen die Fahrgastschiffe an, die ein Stück die Wisła hinaufschwimmen an Wiesen und Hügeln entlang, man kann den Blick zurückwerfen auf die Stadt, kann aussteigen und durch Waldstücke und Parks wandern. Sommersonntags ist es hier schwarz von Menschen, quirlig von Kindern. Auf einem Hügel, gerahmt von Laubwald, erhebt sich das Kamaldulenserkloster. Ein aktives Kloster in unseren Tagen? Ein schrundiges Sträßchen führt hinauf.

Er schließt das große Tor mit einem großen, großen

Schlüssel auf und lächelt so gütig, wie mich noch nie ein irdischer Pförtner angelächelt hat, es ist wie im Märchen oder an der Himmelspforte. Aber nicht Petrus öffnet, sondern Pater Ignacy. Er trägt eine Kutte aus naturfarbener Wolle, zusammengehalten mit einem Gürtel aus gleichem Material, an den Füßen natürlich Sandalen. Sein Teint, wenn dieses Wort gestattet ist, ist rosig, das spärliche Haar so fein, daß man es, wie bei Chandler zu lesen steht, durch ein Haarsieb passieren könnte. Es glänzt silbrig wie der Bart. Pater Ignacy kann fünfzig sein oder siebzig und alles dazwischen, seine Augen sind blau wie der Himmel, dem sie unendlich vertrauen, sein Lächeln ist das eines Kindes oder eines Heiligen. Frauen dürften nicht herein, bedeutet er als erstes. Wir sind keine Frauen.

Dieses Kloster blickt auf eine diesseitige Großstadt, das Flugplätzchen ist nicht weit, nicht die Sternwarte, wo nach Keplers Methoden das All vermessen wird, nicht das Schlößchen, in dem sich's Generalgouverneur Frank sauwohl sein ließ. Das Zentrum des Klosters bildet eine Barockkirche mit zwei Türmen, die das Hügelland beherrschen, darum gruppieren sich streng-geordnet die übrigen Gebäude. Die Kirche ist so groß, daß sie für eine mittlere Stadt ausreichte, gegenwärtig leben im Kloster sechs Priester und neunzehn Mönche. Pater Ignacy beugt das Knie, der Taxifahrer, der mich heraufgebracht hat, nicht. In die Seitenaltäre weist der Pater auf Gemälde, Teppiche, Leuchter, Schnitzwerk. Wenn wir schweigen, ist die Stille vollkommen. Drüben im Wawel wird gerade eine Ausstellung über die Wasa-Dynastie gezeigt, sogar ein echter Rubens wurde aus den USA eingeflogen, so manches Exponat stammt aus einem polnischen Kloster. Unermeßlich sind die

Schätze, die in heiligen Hallen aufbewahrt werden; dort bleiben sie weitgehend unter Verschluß.

Wir steigen in die Gewölbe unter der Kirche hinab. An einer Wand sind die Namen und Daten der Mönche aufgezeichnet, die hier starben, vom Steinfußboden aus führt ein Stollen in die Mauer hinein, lang und hoch genug für einen schlanken menschlichen Körper. In dieser Gruft verbringt bisweilen ein Mönch eine Nacht, einen Tag und noch eine Nacht, um sich dem Tod und damit Gott näher zu fühlen. Vor vergitterten Fensterchen liegt ein übersonnter Hof, dahinter eine Mauer mit vergitterten Scharten, dort beten die Mönche. Sie versorgen in betfreien Stunden einen Garten und zwei Kühe und haben ihre Fron mit Wäsche und Putz wie in jedem großen Haushalt. Die meiste Zeit aber bleibt für Meditation, Versenkung, das Hinwenden von dieser Erde zum Jenseits. Einer der Priester hat sich in enger Zelle einmauern lassen, durch eine Luke empfängt er karge Nahrung. Nie fällt ein Blick hinaus, nie hinein. Dieser Mann hat unsere Welt schon verlassen.

In einem Seitengebäude liegt die Bibliothek: dreißigtausend Bände, Lederrücken die Wände hinauf bis unter die hohe Decke, viel Lateinisches für fünf Priester, denn die Mönche haben diese Sprache nicht erlernt. Wohlkatalogisiert ist alles und wohlverwahrt, die Glanzstücke bilden vierzig Inkunabeln. MEYERS NEUES LEXIKON erklärt auf anderthalber Zeile lediglich die Wortherkunft: lat. «Wiege», «Ursprung», f: svw Wiegendruck. Für das muskelstärkende Trainingsgerät Impander hält der gleiche Band eine Zeile mehr und ein Photo bereit – inwieweit ist ein Lexikon das Spiegelbild der geistigen Bedürfnisse seiner Benutzer? So sei hier immerhin erläutert, daß Inkunabeln die ältesten gedruckten Bücher aus der Zeit vor 1500 heißen, es sind nicht nur Bibeln verschiedener Art, an der Spitze die Vulgata, sondern zu den Inkunabeln zählen Psalmenbücher, Aderlaß-Kalender, Pflanzenbüchlein, Darstellungen des Totentanzes, Schedels Weltchronik, Chroniken überhaupt, Brants «Narrenschiff» und Dürers «Apokalypse» und vielfältig anderes an literarischer Gebrauchsware dieser Zeit. Grafiker und Holzschneider waren am Werk, Drucker und Manager, ein Wirtschaftszweig blühte auf, der ein Zwillingsgebilde von Kunstwerk und Ware herausbrachte – der Bücherfreund von heute schweigt ergriffen vor jedem Exemplar. Pater Ignacy zeigt Prachtstücke: Hier, Goldplättchen, und dieses Rankenwerk, und diese Prägung! Aber auch: Als die Außenfront renoviert wurde, ging eine Fensterscheibe entzwei, durch das Loch drang eine Amsel ein, auf eine aufgeschlagene Seite einer Inkunabel setzte sie sich, zerhackte die schillernde Buntheit und kratzte, daß die Fetzen flogen. Durch sechs Seiten hindurch hinterließ sie ihre zerstörerischen Spuren. Pater Ignacy klappt trauernd zu. Ein Restaurator wird kommen müssen.

In der Küche wird die Abendmahlzeit bereitet: kalte Milchsuppe mit Kräutern darin, Brot. Ein Mönch wischt die Treppe. Von einer Mauer blicken wir auf den Fluß und den Dunst über der Stadt. Unten im größten Kino läuft ein amerikanischer Science-fiction-Film: Die USA in fünfzig Jahren, Roboter proben den Aufstand, an seiner technischen Überperfektion zerschellt die Zivilisation, auch das rote Telephon liefert keine Antwort mehr. Den Chefroboter spielt Yul Brunner. Hier oben ist das Leben jahrhundertelang stehengeblieben. Ein Priester ließ sich einmauern. Der Luftkorridor nach

Warschau führt über seine Gruft hinweg. Pater Ignacy nimmt den großen Schlüssel vom Gürtel, wir drücken seine Hand und danken ihm, er wünscht uns alles Gute, gesunde Heimkehr vor allem. Was wünscht man einem Mönch?

Ende der siebziger Jahre war ich schon einmal in Kraków, ich kam von Leipzig aus und schrieb für einen Reportageband, der in Halle erschien:

«Dieses Land war und ist katholisch. Polen ist ein sozialistisches Land, aber katholisch ist es auch. In den mehr als hundert Jahren der Zerstücklung, in der Zange zwischen dem protestantischen Preußen und dem orthodoxen Rußland bildete die römisch-katholische Kirche Polens eine der wesentlichen Klammern des Zusammenhalts, das ist einer der häufig geäußerten Gründe für das heutige aktive Weiterleben. Die Kirche litt wie ihr Volk unter den Faschisten. Heute wird in Nowa Huta eine hochmoderne, vergleichsweise riesige Kirche gebaut, in ihr werden auch Diplomingenieure und Hüttenwerker knien. Fronleichnamsprozession: Auf einem Platz unter dem Wawel versammeln sich schätzungsweise fünfzigtausend Menschen. Ein Kardinal predigt, man könnte auch sagen: Er hält eine Rede. Dieser Mann ist drahtig, energisch, seine Stimme ist alles andere als salbadernd, sie ist hart, fordernd, zupackend. So reden Politiker, Agitatoren. Es geschah in unserem Lande, so berichtet er, daß ein Junge das Gelübde ablegte, ein Kreuz an einer Kette um den Hals zu tragen und nie abzulegen. Das aber verlangte sein Turnlehrer während der Sportstunde, der Junge tat es nicht. Er wurde vor den Direktor befohlen, der bekräftigte die Anordnung des Sportlehrers. Schließlich kam es soweit, daß dieser Junge der Schule verwiesen wurde.

Ich aber sage euch, ruft der Kardinal den Fünfzigtausend zu, dieser Junge hat recht getan, und wir werden all unseren Einfluß geltend machen, daß er an die Schule zurückkehrt!

Die Prozession schiebt sich durch Straßen und Gassen. Muttergottesbilder hängen aus den Fenstern, Kerzen brennen auf den Simsen. Monstranzen und Kruzifixe werden aus den Kirchen geholt und durch die Straßen getragen, Tausende singen, mit ihnen schreiten Priester und Ordensschwestern, auch der Kardinal. Der Zug stockt, die Lieder hallen in den Häuserschluchten. Der Zug verhält, wieder redet der Kardinal.

Polen ist ein katholisches Land. Diesen Satz schrieb ich kürzlich für eine DDR-Zeitschrift, die Redaktion änderte in: ist *noch* ein katholisches Land; unscharf denkend, ließ ich diese Änderung zu. Dieses *noch*, in unserer Presse gern gebraucht, wenn Negatives abgeschwächt und verhüllt werden soll, ist hier nicht am Platz. Dieses *noch* will sagen, daß es morgen nicht mehr so sein wird. Durch Erfahrung gewitzt, vorsichtig geworden im Umgang mit Jahrhundertprognosen, meine ich: Heute und morgen werden in Polen Kommunisten und Katholiken nebeneinanderleben, und nicht wenigen gescheiten Leuten dort gelingt es, abendelang darüber zu debattieren, wie es denn in ihrem Hirn und in ihrem Herzen ausschaut mit Marxschen Ideen und dem Glauben an die Gottesmutter. Sie haben ihren Kompromiß geschlossen. Ist es ein historischer Kompromiß, ist es das große Thema Don Camillo und Peppone auf polnisch?»

Seitdem ist viel geschehen, «Solidarnocz» wurde gegründet, die Generäle putschten gegen ihr Volk, unter den Schüssen der Polizei starben Arbeiter in Nova Huta. Die Kirche dort ist längst fertig. Das Verhältnis zwischen Kirche und Staat war zum Zerreißen gespannt und lockerte sich. Damals hielt ich es nicht für nötig, den Namen jenes Kardinals zu nennen, er hieß Woitola. Inzwischen hat er als Papst seine Stadt wieder besucht.

Am Abend Jazz. Der Klubraum eines Studentenheimes im Keller ist proppenvoll, hundertfünfzig passen hinein, zweihundertfünfzig sind drin. Studenten verwalten diesen Klub, organisieren den Kartenverkauf, das Programm, den Bierhandel und das Reinemachen am Tag danach, bärtige Burschen reißen an der Tür Karten ab, durchs Klo schlüpfen Nichtkartenbesitzer ein. Die hier spielen, sind Amateure und sind oder waren Studenten. Nicht, daß sie sich ihre Musik nicht bezahlen ließen, sogar nicht schlecht bezahlen ließen, also besser so: Sie sind Musiker im Zweitberuf, vor allem sind sie Studenten der Germanistik, des Bauwesens, der Medizin, oder sie arbeiten als Lehrer, Ingenieur und Pharmazeut. Band eins: Trompete, Klarinette, Baß, Schlagzeug. Eine Stunde lang harter, krachender alter Jazz, Ragtime. Stierkampf und Autorennen, Lohnkampf, Liebeskampf, Steak in heißer Pfanne, Steinbruch im Sommer, Fußball im Hinterhof. Band zwei: Klavier, Klarinette, Baß und eine Sängerin. Eine halbe Stunde lang Swing, auch Beat. Liebessehnsucht, eine Katze auf einem kühlen Blechdach, warmer Kuchen, unter einer Kastanie gegessen, Kleefeld. Ich höre und stelle mir meins vor und schaue auf die um mich her, halb Mädchen, halb Jungen, selten sichtbarlich zu Pärchen geballt. Bier wird getrunken, Cola, sparsam. Aschenbecher quellen über. Die Stimmung geht langsam hoch, der Beifall wird stärker. Der Beifall bleibt aus. Manche gehen, andere kommen. Wonach suche ich nur? Was macht mich kribblig? Band drei: Klavier und Altsax. Der Saxophonist mag die Vierzig überschritten haben; sollte er Amateur sein, wäre das wunderbar, als Profi verdiente er immer sein Geld. Sehnsucht, Träumen, Aufbruch, Aufstand, Verzicht. Dieser Mann bläst Philosophie.

Und da weiß ich: Hier ist alles *normal*, Jazz ist normal, ein Studentenklub ist normal, Jazz ist Jazz. Für mich war Jazz immer außerdem ein Politikum. Das war so in den letzten Nazijahren, als ich alt genug wurde, daß Musik mich erreichte. Jazz galt als undeutsch, vernegert, plutokratisch. («Judentum und Musik», 1944: «. . . daß es sich in dem Punkt Tanzmusik usw. in keiner Weise um eine Frage des Geschmacks, der Mode oder dergleichen dreht, sondern daß der Kampf für oder gegen die Entartung in der Musik eine ganz eminent politische Angelegenheit ist, ja ein Teil des ungeheuren Weltkampfes, in dem wir jetzt mitten inne stehen.») Als das vorbei war, bekam der Jazz einen Stellenwert im Ost-West-Konflikt, er wurde vorgeschickt mit dem Schlachtruf: Das ist die Musik der Freien Welt, und er wurde zusammen mit Ringelsocken und Kreppsohlen abgewehrt als Zubehör des Klassenfeinds. Jazzspielen, Jazzhören, Jazzlieben war bis in die sechziger Jahre befrachtet, belastet. Und endlich: Aus dieser Einklemmung heraus war für mich der Drang entstanden, mich beim Jazzhören jazzmäßig benehmen zu müssen, zu pfeifen, zu trampeln; ich tat's nie und meinte, mir fehlte Wesentliches zum Fan. Und da sitzt um mich eine Generation, die das alles nicht kennt, die verständnislos den Kopf schütteln würde, hätte sie sich die Mühe gemacht, dem Väterchen unter ihnen zuzuhören. Alter Schnee. Jazz heute in Polen ist Jazz, was sollte er sonst sein?

Eifersüchteleien schweben zwischen Kraków und Warschau wie zwischen Leningrad und Moskau; die Motive sind ähnlich. Warschau ist größer, Kraków ist schöner. Jahrhundertelang war Kraków die Hauptstadt, sie mußte ihren Rang abgeben und empfindet sich nun gern als heimliche Metropole. Die ältere Schwester zwingt sich, leicht belustigt zuzuschauen, wie es die jüngere Schwester zu etwas bringt, von dem man sich einredet, daß man es gar nicht haben möchte. Man kann in Polen ernsthafte Debatten hören, wo die Mädchen hübscher und die Frauen eleganter seien. Die Krakauer rümpfen über die Architektur Warschaus die Nase. Warschau ist aus ganz Polen entstanden, sagen die Warschauer, hier ist ganz Polen zusammengeströmt, von hier aus gehen tausend Fäden wieder hinaus. Wenn es in Warschau etwas Neues gibt, sagt der Krakauer: Das haben wir schon lange. Ganz brave Leute da unten, urteilen die Warschauer, aber ist nicht alles ein wenig hausbacken? Die Leningrader haben ihre Rivalität zu Moskau in einem Satz zusammengefaßt: «Das Schönste an Moskau ist der Zug nach Leningrad.» Man könnte einen analogen Satz auch in Kraków hören.

In Kraków ist mit einer Stippvisite nichts zu machen. Es ist wenig damit getan, von Sehenswürdigkeit zu Sehenswürdigkeit zu jagen und abzuhaken; diese Methode ist hier so ungeeignet wie in Prag oder Leningrad. Man muß auch einmal stillstehen können und in sich aufnehmen, am Fluß unter dem Wawel, im Hof des Collegium Maius, dem ehemaligen Sitz der ältesten Universität in Polen, über dem Tunnel, durch den Tag und Nacht ein Menschenstrom vom Bahnhof zur Innenstadt und zurück flutet. Man muß in der Nähe der

Barbakane auf einer Bank sitzen und den Lärm der Autos auf der Ringstraße hören, und wer zu hören versteht, vernimmt nebenher die Stille der Jahrhunderte in seinem Rücken. Man muß den «Königlichen Weg» entlangpilgern, der von der Barbakane im Norden zum Markt und die Florianska-Straße zum Königsschloß führt, und man muß sich Zeit nehmen dabei. Man muß in die Geschäfte schauen; in vielen wird geboten, was der Tourist gern aus Polen mitbringt, Stickereien, Lederwaren, Schmuck und Modeschmuck. Mancher hat in Buchhandlungen und Antiquariaten aufgestöbert, was bei uns nicht zu haben war oder als verschollen galt oder nur zu sündhaften Preisen erworben werden konnte. So tastet man sich zum Markt vor, über den hinweg beinahe zu jeder Tages- und Nachtzeit das Leben brodelt: Menschen und Tauben, und von Frühling an bis in den späten Herbst hinein leuchtet die Blumenpracht der Verkaufsstände vor den Tuchhallen, und wer nicht in der Wechselstelle an der Längsseite des Platzes, sondern bei privaten, rasch um sich blickenden Schnellhändlern seinen Vorrat an Złoty ergänzt hat, den wird es nicht reuen, sich in einem der Kategorie-I-Lokale auf Plüsch und an Marmortischchen bei Kaffee und Torte wohlsein zu lassen.

Kraków könnte einmal eine ideale Stadt sein. Dazu gehören nicht zuletzt die Möglichkeiten, der Stadt zu entfliehen; sie sind heute schon reichlich. Mancher Tourist wird nach Wieliczka geschleust, der Bus braucht eine halbe Stunde. Dort wird mindestens seit dem 13., vielleicht schon seit dem 11. Jahrhundert ein Salzbergwerk betrieben, es gilt als Sehenswürdigkeit von Weltrang. Der Wanderer beginnt nach einer Seilfahrt bei 63 Meter unter Tage, drei Kilometer marschiert er durch Stollen und Hallen bis auf 135 Meter hinab. Ein Kuppelsaal ist 54 Meter lang, 14,5 Meter breit und 10 Meter hoch, eine in das Salz gehauene Kapelle mit aus Salz gemeißelten Skulpturen. Andere Hallen bieten Raum für Gaststätten und ein Museum mit historischen Werkzeugen. Die Luft ist kühl und sauber und heilsam auch: Asthmakranke fahren herunter, um hier gesund zu werden.

Oder Ojców: Wer es in Kraków nicht müde wurde, zu besichtigen, kann es hier fortsetzen: Wieder ragt eine Königsburg mit tiefem Brunnen. Vor allem aber kann man sich gründlich auslaufen und auslüften. Viele Wege führen durch das Saspowska-Tal, die Nadelwälder sind weit und still, Felsen ragen, Höhlen locken die wenigen Spezialisten an, die mit ihren Reizen und Gefahren umzugehen verstehen. Und wer noch ein Stück weiterfährt, steht am Rand einer echten Wüste, Flugsand ohne jede Vegetation bedeckt eine Fläche von nicht weniger als 32 Quadratkilometer, es ist die größte Wüste Europas. In jedem Reiseführer steht zu lesen, daß im Weltkrieg II hier Rommels junge Männer für den nordafrikanischen Ernstfall trainierten.

Nun aber zur Erholungsregion Nummer eins: Nach Süden hinaus biegt Autobahnartiges in Hügel ein, sie buckeln sich auf zum Mittelgebirge mit gewundenen Tälern und Wald auf den Kuppen. Hier wird gebaut, Bauern mauern sich neue Häuser, und wer sich's von den Krakówern leisten kann, setzt seine Datsche daneben. Der Stil der Holzhäuser mit dem steilen unterbrochenen Dach wird in heutiger Steinbauweise fortgesetzt, und so ziehen sie sich bis hinauf nach Zakopane, die Ferienhäuser, die Bauernhäuser. Kraków hat ein weltbekanntes Paradies für Sommererholung und Wintersport, für Wandern und Bergsteigen vor dem Gartenzaun. Eine gute Straße führt hinauf und eine Eisenbahnlinie außerdem, mit dem eigenen Wagen oder dem Schnellbus ist die Hohe Tatra so rasch zu erreichen, daß ein Tagesausflug lohnt. Zakopane ist gar nicht mondän im architektonischen Zuschnitt, es ist so weit aufgefächert, daß man ihm seine fast dreißigtausend Einwohner schwerlich glaubt. Man kann sich im Ort erholen in Sanatorien und Pensionen, kann sich von Drahtseilbahnen in die vorderen Regionen des Hochgebirges hinaufschleppen lassen, und man kann natürlich, wenn man es kann, von dort aus zum Alpinisten werden.

Zwei Länder, Polen und die ČSSR, besitzen zusammen das kleinste Hochgebirgchen Europas, die Hohe Tatra; die DDR-Bewohner, von der Natur in dieser Beziehung ungesegnet, partizipieren kräftigst. Auf der polnischen Seite liegt ein Naturkleinod, Morskie Oko, das Meeresauge, dort werden Zusammenprall von Naturschönheit und industrieller Erholung zum Problem. Immerhin: Man hat nahezu das Beste daraus gemacht: Busse und PKW parken im Kilometerabstand, von dort aus wälzen sich Besuchermassen auf breitem Asphaltband dem See zu. Goralisch aufgemotzte Händler bieten maschinengefertigte Volkskunst, Goralenstäbe, Bildchen, Gesticktes. Dort herrscht Betrieb wie in Kraków auf dem Hauptmarkt, wer dort gestern noch die Tuchhallen bestaunte, schreitet hier dem Naturereignis Nummer eins der Tatra entgegen. Das Betreten des Waldes rechts und links ist nicht gestattet, denn dort obwaltet Naturschutz und bewahrt seltene Kräuter. Der See selbst liegt klar und still zwischen ragenden Gipfeln – wie schön wäre er ohne seine Besucher! Immerhin: Nur ein Holzhaus steht dort, der Greuel der Ansichtskartenbuden hält sich in Grenzen. Die Wege um den See herum sind mit Naturstein ausgelegt, keine Lautsprecher gellen, keine Motorboote knattern. Tausende strömen in der Saison täglich hierher, schauen, photographieren, schreiben Karten und sind nach einer Stunde wieder fort. Es könnte schlimmer sein, so entsetzlich beispielsweise wie am Riza-See, einem vergleichbaren Schwerpunkt des massierten Tourismus im Kaukasus. Er ist schlimm genug.

Aber wer Zeit hat, sich Zeit nimmt – es ist wie überall: Wer sich fünfhundert Meter vom Ballungsraum entfernt, hat schon den Trubel hinter sich gelassen. Wer zum zweiten See oberhalb des ersten hinaufgestiegen ist, trifft nur noch auf wenige und vorwiegend auf leise Menschen. Es ist nicht ratsam, sich von den Wegen zu entfernen, das Wetter schlägt hier schnell um, und die Erinnerung bleibt reiner, wenn man nicht mit gebrochenem Knöchel im Hubschrauber des Bergrettungsdienstes das Tal erreicht. Wer dort oben wandert, hat das Gefühl, ein besserer Mensch unter besseren Menschen zu sein. Tief unten schmeißen unterdessen die Massen, Wiederkehr beschwörend, Münzen in den See. Wenn es Herbst wird, steigen Sporttaucher hinab und säubern den Grund, Flaschen und Büchsen fördern sie zu Tage, die Bargeldausbeute beträgt bis zu 15 000 Złoty. Das Geld wird einem bei Warschau entstehenden Kindergesundheitszentrum überwiesen.

Rummel hat auch sein Gutes.

Und dann wieder Kraków. Bummel an der Stadtmauer entlang, wo Studenten ihre Malereien aufgehängt haben, auf daß ein Tourist ihrem Stipendium aufhelfe. In Wasserfarben und Öl kann man Postkartenmotive erwerben, den Wawel, die Tauben vor den Tuchhallen, einer hat sich auf Pferdeköpfe spezialisiert, einer auf Segelboote. Können ist rar. Nahebei kann man Kaffee trinken, eigentlich kann man überall Kaffee trinken und Eis essen in Kraków wie im ganzen Polenland. Nicht weit ist es durch Park und Fußgängertunnel zum Bahnhof mit seinem Trubel.

Man kann natürlich auch mit dem Zug in Kraków ankommen.

2.

Was wird da hinten schon sein, rechts unten auf der Landkarte, im äußersten Südosten. In diesem Beskidenwinkel. Oh, dort wurde die Petroleumlampe erfunden!, höre ich in Koszalin, Gdańsk, Warschau und Kraków. Wie hieß der Erfinder der Petroleumlampe?

Ein Bus fährt durch Galizien. So hieß dieser Landstrich, als er noch österreichisch-ungarische Provinz war. Ein weltberühmter Roman spielt zu Teilen hier, «Radetzkymarsch» von Joseph Roth. Da dieser Roman lebt, ist jene Epoche nicht vergessen. Joseph Roth wuchs hier auf und erlebte mit, wie sich Österreich-Ungarn auf seinen Untergang einstimmte; er kämpfte hier als Soldat. «Es war Freitag», heißt es. «Am Nachmittag ging Carl Joseph, wie gewöhnlich, durch die Dörfer. Die Grillen zirpten nicht, die Frösche quakten nicht, nur die Raben schrien. Überall saßen sie, auf den Linden, auf den Eichen, auf den Birken, auf den Weiden. ‹Vielleicht kommen sie jedes Jahr vor der Ernte›, dachte Trotta. Sie hören, wie die Bauern die Sensen schleifen, dann versammeln sie sich eben. – Er ging durch das Dorf Burdlaki, er hoffte im stillen, daß Onufrij wiederkommen würde. Onufrij kam nicht. Vor den Hütten standen Bauern und schliffen den Stahl an den rötlichen Steinen. Manchmal sahen sie auf, das Krächzen der Raben störte sie, und schossen schwarze Flüche gegen die schwarzen Vögel ab.»

Schreckliche Schlachten tobten 1914 zwischen Österreichern und Russen in diesem sanften Land. Trotta kommt in ihnen um. Der Held eines anderen Weltromans tötet hier zum erstenmal einen Menschen: Grigori Melechow aus «Der stille Don».

Ein Bus fährt durch Galizien. Dieser Begriff ist verschwunden, jetzt ist das Land eingeteilt in die Wojewodschaften Nowy Sacz, Tarnów, Rzeszów, Krosno und Przemyśl. Drei Fahrgäste steigen zu, zwei Uniformierte und ein Mann in einer dicken, karierten Jacke, er geht dicht neben einem der Milizionäre; niemand, der nicht genau hinschaut, sieht, daß die beiden aneinandergefesselt sind. Und wer es bemerkt, blickt weg, als habe er nichts gesehen. Auf eine der hintersten Bänke setzen sie sich, der Mann in der dicken Jacke ans Fenster, ein Milizionär daneben, der andere dahinter. Die Handfessel wird aufgeschlossen; hier ist Flucht unmöglich. Zwei Männer reiben sich verstohlen die Gelenke.

Ein Gefangener wird transportiert. Es könnte einem hierzulande nicht passieren, daß ein Zuchthäusler mit im öffentlichen Verkehrsmittel reist, dafür gibt's Spezialfahrzeuge auf Schiene und Straße. Dieser Mann ist vierundzwanzig, er machte bei einem Raubüberfall mit, bei dem ein Mensch ums Leben kam, wurde verurteilt zu zwölf Jahren, vier sind vorbei. Sein bleicher Kopf ist geschoren; auch durch polnische Zuchthausmauern dringt die Sonne nicht. Dicht unter dem Haaransatz ist mit zentimeterhohen Buchstaben eine Schrift tätowiert, sie heißt, wenn man sie übersetzt: «Ich entschuldige mich, daß ich geboren bin.» Auch in polnischen Gefängnissen wird also tätowiert, die Sitte ist international. Dieser Mann hat es schlau angefangen: Wenn er wieder draußen ist, läßt er die Haare ein wenig in die Stirn hängen, und keiner sieht etwas. Jetzt im Knast steht er natürlich groß da. Er blickt immerzu aus dem Fenster, alles ist halb vergessen, lockt und quält: Sonne, Feld, ein Pferd, ein Auto, Dorf, Haus, Baum, Mädchen, Bäckerei, ein Stand mit Eis: Lody. Er wird in eine andere Stadt transportiert, ein Prozeß ist angesetzt gegen einen ehemaligen Kumpan, er soll als Zeuge aussagen. Eine Nacht in einem Gerichtsgefängnis, am nächsten Tag der Rücktransport – er wird ein halbes Jahr lang von dieser Reise zehren, und wenn er ein guter Erzähler ist, kann er seinen Kumpels tagelang berichten: Straßen, Autos, Mädchen – ich kann euch sagen! Jetzt raucht er, einer seiner Bewacher hat ihm eine Zigarette gegeben. Die Blicke der Einsteigenden und Aussteigenden gehen über ihn hin. Ein Zuchthäusler, ein Mensch. Noch acht Jahre. Wer kann sich das schon vorstellen. Vielleicht verstreicht das nächste halbe Jahr nun ein wenig schneller für ihn, da ist eine Zäsur: als er Bus fuhr, als er draußen war. Es ist wieder Hoffnung, das Draußen entrinnt nicht mehr ins bläßliche Märchen. Fünfzig Menschen haben ihn gesehen, in fünfzig Hirnen hat er, so steht zu hoffen, Bedenken ausgelöst. Leid liegt vor der eigenen Tür. Ein Mensch wurde umgebracht, ein Mensch büßt.

Ein Bus rollt durch Galizien, das Land ist wellig, freundlich, fruchtbar. Hier sind Felder und Häuser verquickt, die meisten Gehöfte liegen für sich inmitten ihrer Feldchen, die Landschaft ist heillos zersiedelt. Manche Felder sind nur fünf Meter breit, auf den nächsten fünf Metern wächst schon eine andere Frucht. Die Felder sind gepflegt wie Beete, von jedem Rain, von jedem Meter Straßengraben wird das Gras gesenst und gesichelt. Neben mir sitzt Witek, mein Dolmetscher, Student der Germanistik in Kraków. Wir sind unterwegs zum Gehöft seiner Eltern.

Das geschieht noch häufig in Polen: Der Sprung aus dem kleinbäuerlichen Milieu an die Universität. Im Haus der Eltern gab es außer der Bibel kein Buch, keine Zeitung war abonniert. Witek entsinnt sich nicht, seine Eltern über irgend etwas reden gehört zu haben, das mit Politik oder gar mit Kunst zu tun gehabt hätte. Der Vater war im Krieg Soldat, geriet in Gefangenschaft und arbeitete auf einem Gut in Bayern. Seit er wieder daheim ist, kam er über die Kreisstadt nicht hinaus. Er sah weder die Ostsee noch die Tatra. Die Mutter war einmal in Kraków. Warschau kennen beide nicht. Die Mutter wischt aufgeregt die Hände an der Schürze ab, die Freude, ihren Jungen unverhofft nach Wochen zu sehen, ist in den Augen erkennbar. Der Vater, der Bauer, ist auf dem Feld, er und der Nachbar haben ihre Pferde zu einem Gespann vereint. Die Mutter bittet ins Haus, sie bietet Milch an. Witek: «Sie können auch Ziegenmilch haben.» Eine Delikatesse, derentwegen muß ich nach Polen fahren! An der Wand die Gottesmutter, aus Papier- und Stoffstückchen zusammengeklebt, davor drei Photos: Der älteste Sohn, er arbeitet als Kraftfahrer in Lódź, ist verheiratet, seit einem Jahr war er nicht daheim. Die Tochter lernt auf einem Lehrerseminar in Rzeszów, Witek studiert. Der Vater ist achtundfünfzig, die Mutter siebenundfünfzig, noch kommen sie mit der Arbeit zurecht. Witek hilft in den Ferien, so ist das. Noch ein Glas Milch? Brot, Äpfel. Erinnerung keimt: Als ich vierzehn war, half ich auf einem sächsischen Bauernhöfchen, aufgestanden wurde um vier, abends um sieben war Feierabend. Dazwischen lagen die Mahlzeiten, wer satt war, stand auf und ging wieder an die Arbeit. Dem Gehöft und der Familie galten neunzig Prozent der Gespräche, neun Prozent dehnten sich auf das Dorf aus, ein Prozent blieb für den Rest der Welt. Hier ist es wohl heute noch so.

Das Haus ist einstöckig, blechgedeckt, auf der einen Seite liegen die Küche und zwei kleine Stuben, auf der anderen die Boxen für das Pferd, drei Kühe, zwei Kälber und fünf Schweine. Zur Wirtschaft gehören an die zwanzig Hühner und ein Hahn, fünf Gänse, eine Katze und ein kleiner, freundlicher Hund. Das zweite Gebäude, strohgedeckt, dient als Scheune und Geräteschuppen. Die größte landwirtschaftliche Maschine ist ein Grasmäher, der so leicht ist, daß ein Pferd ihn ziehen kann. Mit ihm wird auch das Getreide gemäht, dann wird es mit der Hand zu Garben gebunden und in Puppen aufgestellt. Zu dieser Wirtschaft gehören drei Hektar Land, ein weiterer halber Hektar ist zugepachtet. Wirtschaften dieser Art gibt es in Polen drei Millionen, sie bearbeiten ungefähr die Hälfte der landwirtschaftlichen Nutzfläche. Diese Zwerghöfe bedeuten für Polen eine schwere Last.

Der Bauer kommt vom Feld zurück, als er Witek sieht, reißt er die Arme hoch. Wortreichste Begrüßung, in die der Fremde mit einem Schwall einbezogen wird. Der Bauer kratzt sich hinter dem Ohr, aber deutsche Wörter, einst gebraucht in Bayern, wollen sich auch dadurch nicht einstellen. Seit wann hier und wie lange?

Witek schirrt die Pferde aus, dem eigenen gibt er einen Klaps, da trollt es sich zum Stall, das andere wird er zum Nachbarn bringen. Undenkbar, daß der Vater das Pferd ausschirrte, wenn der Sohn dabeisteht. Jetzt ist Witek wieder Bauernjunge; klingt sein Tonfall anders als vor einer Stunde noch? Da hat er mich nach dem DDR-Schriftsteller Günter de Bruyn ausgefragt.

Mittags essen wir Kartoffeln und eine Suppe aus gebranntem Mehl und Speck. Die Mutter schimpft auf Witek: Konnte er nicht vorher schreiben? Sie hätte ein Huhn geschlachtet, aber wie wird ein Huhn in einer Stunde weich? Für den Abend wird sie Eier braten, gut! Witek fragt nach der Schwester, sie war am Sonntag da. Sie muß lernen, oh, so viel lernen! Der Bauer fragt nach Traktoren in der DDR und in Bayern, meine Kenntnisse sind lückenhaft; wer weiß, was durch Witeks Übersetzung obendrein verlorengeht. Nein, Genossenschaften gibt es in Bayern nicht. Aber sie haben dort eine Flurbereinigung gemacht. Flurbereinigung, was ist das?

Natürlich gehen wir über die Felder, das kannte ich als Kind nicht anders, wenn wir bäuerliche Verwandtschaft besuchten. Dieser Bauer baut an: Roggen, Gerste, Kartoffeln, Zuckerrüben, ein Futtergemisch, Mais; ein Häppchen Wiese besitzt er und sogar ein paar Quadratmeter Busch und Baum am Horizont. Er verkauft in diesem Jahr Roggen, Gerste, Kartoffeln und Zuckerrüben, die Bäuerin bringt ein paarmal Gemüse aus dem Garten, Eier und Hühner auf den Markt des zwölf Kilometer entfernten Städtchens. Nicht immer setzt sie alles ab, was sie in einem Tragkorb verstaut hat, hin und zurück fährt sie mit dem Bus, nebenher erledigt sie Einkäufe. Die Haupteinnahmen der Wirtschaft resultieren aus dem Verkauf von Milch, zweier Kälber, dreier Schweine und vielleicht einer Kuh, die Aufkaufpreise sind wieder erhöht worden, davon läßt sich, gemessen an den sechziger Jahren, gut leben. Ich frage, ob der Bauer weiß, daß der Staat enorm zuzahlt. Er habe davon gehört. Er brummt es so, daß ich denke: Sein Problem ist es nicht. Änderung muß geschaffen werden, aber wie? Einige Male wurde angesetzt, verkündet und zurückgenommen, das Problem bleibt auf der Tagesordnung. Was wird? Noch einige Jahre werden Bauer und Bäuerin den Hof bewirtschaften können, die Hoffnung, daß eines der Kinder ihn übernimmt, haben sie begraben. Dann bestehe die Möglichkeit, ihn dem Staat zu übergeben, dafür erhielten sie eine Rente. Gäbe es eine Staatsfarm oder eine Genossenschaft im Ort, übernähme sie den Boden, da es nicht der Fall ist, wird er einem anderen Bauer zugeschlagen, der dadurch seine Wirtschaft lebensfähig aufstockt. Allmählich, über Jahrzehnte hinweg, wenn die jetzige Entwicklung nicht beschleunigt wird und keinen Bruch erfährt, sollen so die Zwergbauern verschwinden. Noch aber wird auf der Hälfte des polnischen Ackers in dieser Weise produziert, die mit den heutigen Erfordernissen des Marktes nichts zu tun hat. Die Hälfte, manchmal mehr, der Produktion werden im eigenen Gehöft von Mensch und Vieh aufgezehrt. Was die Bauersfrau auf den nahen Markt bringt, ist angenehm für die Kleinstädter und schafft ein hübsches Bild, aber so kann man Ballungsräume nicht stabil versorgen. So wie heute der polnische Acker bebaut wird, wirkt es sich böse auf das Angebot in den Fleischerläden aus.

Und dann der Wald. Auch er ist aufgeschlitzt in Streifen und Streifchen. Das sieht man schwerlich von der Straße aus, aber wer die Mitte und den Süden des Landes bei gutem Wetter überfliegt, schaut auf zerfaserte Wälder: Jeder Bauer hat auf seinem Bändchen das Holz geschlagen, wie er es brauchte, hat aufgeforstet nach Gutdünken, mancher hat ein Wieschen hineingezwängt. Zwanzig Meter breit, fünfzig oder hundert Meter lang Buche, daneben Kiefer und Birke, dahinter Kahlschlag, daneben Fichtenschonung. Solch einen Wald können die Stürme anfallen, überall finden sie Angriffsflächen. Schädlingsbekämpfung von Flugzeugen aus ist hier ohne Sinn. Diese Wäldchen produzieren genau so wenig Holz für die Industrie wie die Feldchen Vieh für Fleischfabriken. Und jeder Forstmann weiß, daß es Jahrzehnte brauchen würde, diesen Wald großflächig umzurüsten. Aber noch wird ja nicht einmal damit begonnen.

Wir verabschieden uns. Bauer und Bäuerin winken Witek nach, dem Söhnchen; Quark und Butter haben sie ihm mitgegeben. Witek kehrt in eine andere Welt zurück. Ich frage: Wie oft schreibt er seinen Eltern, was antworten sie? Er schreibt ihnen, wenn er aus dem Urlaub an die Universität zurückgekehrt ist, und bedankt sich, und er schreibt, bevor er das nächste Mal kommt. Seine Eltern schreiben ihm nie, dem Sohn in Lódź nur zum Geburtstag und zu den Feiertagen. Sie lesen ein Blättchen, das die Kirche einmal im Monat herausgibt. Sie sind Alphabeten auf der untersten heute denkbaren Stufe. Eine Viertelstunde später fragt mich ihr Sohn wieder aus über Marchwitza, Renn und Böll.

Ein Bus rollt durch Galizien. Die Flüsse sind schmal, sie haben auf dem kurzen Lauf vom Gebirge herunter nicht die Kraft gefunden, sich zu verstärken. Es gibt keine Seen, fast keine Teiche. «Wo geht ihr denn baden?» frage ich. Nach einigen Sätzen weiß ich verwundert: Witek kann nicht schwimmen. Ich blicke hinaus – wo sollte er schwimmen lernen?

Ich bin auf neuer Fährte und äuge aus nach Fußballplätzen, Laufbahnen und Sprunggruben neben den Schulen etwa. Auf dem Land werde kaum Sport getrieben, sagt Witek, bestenfalls in jedem zehnten Dorf. Der Sportunterricht in den Schulen beschränke sich auf Gymnastik, Laufen und hier und da ein wenig Geräteturnen. Er werde, so hoffe er, bei der Armee schwimmen lernen. Ich frage, wie viele seiner Kommilitonen schwimmen können. So genau wisse er das nicht, antwortet er, seine Schätzung sei grob; vielleicht die Hälfte.

Nun wollen wir langsam zur Lektion über Petroleumlampen übergehen. Viele gieren nach einem patinierten, kostbaren Original, etliche begnügen sich geschmacksreduziert mit nachempfundener Hülle und elektrischem Kern. Stilkundige gibt es, Fanatiker gar – aber wer weiß schon, wie der Erfinder der Petroleumlampe hieß? «Ein hübsches Stück», werfe ich bisweilen versonnen in nostalgischem Haushalt hin, «und Sie kennen natürlich . . .?» Da schnüffelte schon mancher Fan frustriert.

Man muß von Kraków aus nach Osten fahren, und man muß es ziemlich lange tun. Krosno heißt die südöstlichste Wojewodschaftshauptstadt Polens, noch zwanzig Kilometer bleiben bis Dukla mit seinem Museum, vor dem T 34 und Stalinorgel harren. Sechzig Kilometer strecken sich bis zur sowjetischen Grenze. Südlich von Krosno, in Bobrka, schwappte 1854 Naphtha aus dem ersten Erdölschacht der Welt, jetzt ist das Schachtgebäude Museum. In diesem weltältesten Erdölgebiet wird noch heute gefördert, hier und da ragt ein

Bohrtürmchen aus Feld und Wald, ohne das freundliche Landschaftsbild zu belasten. Eine Erdgasleitung führt nach Mittelpolen, ein Erdölinstitut und eine Erdölschule liegen im Ort – und eben hier hat Ignacy Lada Lukasiewicz die Petroleumlampe erfunden.

Da stock ich schon. Unsere Lexika nennen ihn nicht, den Mann aus Krosno, wohl aber Argand, den Schweizer, der 1783 einen Brenner mit Hohldocht entwickelte, die Argandsche Lampe. Kurtz wird angeführt, der 1843 in Liverpool ein englisches Patent für eine Petroleumlampe anmeldete – in dieser Epoche trug Lukasiewicz sein Scherflein bei zum langen Weg von der Rüböllampe durch ein halbes Jahrhundert, in dieser Zeit war er einer der weltwichtigsten Beleuchter, bis das Gaslicht auch sein Werk in den Schatten stellte. Krosno hat ihm ein Denkmal errichtet, sein bronzenes Abbild sträubt die Schnurrbartspitzen, seine Rechte streckt allen den Sockel umkurvenden Autofahrern hin, was er einst ersann: Wie eine länglich geratene Konservendose sieht sein Produkt aus, wie eine für Würstchen etwa. Dies bedeutet die Geste: Seht euch an, was eure Ururgroßväter einst sehend machte!

Im Museum der Stadt steht ein Exemplar, der Direktor erklärt es, aber jeder begreift auch so: schmuckloses Messingblech, schmuckloses Glas, die Kammer für das Petroleum, der Docht, der noch nicht hochschraubbar war, mit einer Nadel mußte man ihn zupfen. Der Brennraum. Kein Zylinder. In kleiner Werkstatt bastelte Ignacy Lukasiewicz seine Lampen, wie viele, weiß keiner. Andere bauten nach, Patentschutz besaß Lukasiewicz nicht, der Weg nach Wien war weit und teuer. Firmen in Wien, Leipzig, Berlin, Paris entwickelten weiter und entwarfen wahre Kunstwerke in den Stilen der Epoche, Renaissance, Empire; reinrassige Jugendstillampen, weiß der Direktor, sind heute besonders gefragt. In Krosno kann man besichtigen nach Herzenslust: wuchtige Lampen aus Frankreich, ganz kleine aus Japan, denn in Japan ist bekanntlich alles so klein, London ist vertreten, China. Löwenfüße, Leuchtglobus, nackte Schönheiten, Kristall, Gold gar – und vierhundert Lampen habe er noch im Keller, versichert der Direktor, er wisse nicht, wohin damit. Wie alle Museumsdirektoren der Welt klagt er, er brauche den doppelten und dreifachen Platz; wenige haben so recht wie er. Denn dieses Museum ist auch Heimatmuseum, ein Teil der 15 000 Bände umfassenden Bibliothek ist im Arbeitszimmer des Direktors gestapelt. Gemälde an den Wänden winkliger Korridore. Ein wundervoller Kalender mit den Prunkstücken dieser Sammlung wurde gedruckt, zehntausend davon gingen in Hartwährungsländern ab wie warme Semmeln, in der DDR sah man ihn leider nicht. Das Fernsehen war da, mit Museen in Paris und USA wird korrespondiert, leidenschaftlich gern würde der Direktor sein Museum zu einem Mekka besagter Spezialstrecke ausbauen – welcher Direktor möchte das nicht?

Lukasiewicz ist wichtig für das polnische Selbstgefühl, sein Name steht in den Schulbüchern, überall sind Straßen nach ihm benannt. Als im Polnischen Kulturzentrum in Leipzig eine Ausstellung der Wojewodschaft Krosno gezeigt wurde, prangte das Konterfei des alten Herrn gleich neben der Tür. Darunter stand zu lesen: Er hat im Frühjahr 1854 in Bobrka den ersten Erdölbohrturm der Welt errichtet, in Lwow stellte er zusammen mit dem Provisor der Apotheke Jan Zech allerlei Destillationsversuche an. Die Ausstellungsgestalter von

Leipzig wußten auch ein haargenaues Datum: Am 31. Juli 1853 entzündete Lukasiewicz die erste Petroleumlampe der Welt. Es bedürfte eines Spezialstudiums, um mit dieser Angabe zu rechten.

Krosno: Die Wojewodschaft ist 5700 Quadratkilometer groß, zu ihr gehören elf Städte und 40 Großgemeinden. Ein Viertel der Wojewodschaft ist bergig und hüglig, aufsteigend nach Süden zur Grenze der ČSSR hin. Der Hauptfluß ist der San, glasklar liegt hinter einem Staudamm der Solinski-See, ein Wasserreservoir, an dem Urlaubersiedlungen und Campingplätze entstehen. Die Wälder sind gesund, strotzend, das Wasser in den Gebirgsbächen ist so rein, daß es den Forellen eine Lust ist. Da oben wurde Walesa von den Generälen ein Jahr lang gefangengehalten, ehe er den Nobelpreis bekam.

Duklapaß: ein dunkles Wort. Ein Einschnitt in den Beskiden bis auf 502 Meter Meereshöhe hinab, die Straße führt über ihn hin von Polen zur Slowakei und weiter nach Ungarn hinunter. Im Herbst 1914 stürmten die Russen bis hinauf und ließen sich im Frühjahr 1915 von Österreichern und Deutschen nicht vertreiben, der Schnee färbte sich rot vom Blut. Nach zwei Monaten flaute das Schlachten ab, beide Seiten waren körperlich und moralisch erschöpft, die Munition ging ihnen aus. Hunderttausend Österreicher und zweihunderttausend Russen starben während dieser Operation auf den Kämmen der Beskiden. Später unternahmen die Russen aus ihren Paßstellungen Angriffe in die Slowakei hinein, um zur ungarischen Ebene durchzustoßen. Im Zweiten Weltkrieg, gegen das Ende hin, verschanzten sich hier oben die deutschen Faschisten, aus den östlichen Weiten heraus zu Paaren getrieben;

sowjetische und tschechoslowakische Verbände rannten an, um den Aufständischen in der mittleren Slowakei Rettung zu bringen, wieder hallten die Wälder von dem Bersten der Granaten und dem Hämmern der Maschinengewehre. Duklapaß, für den, der sich erinnert, ein beklemmendes Wort. Die Stadt Dukla ist heute ein Landstädtchen wie viele andere im welligen Land mit örtlicher Industrie. Sowjetische und tschechoslowakische Truppen schlugen hier die Wehrmacht, die den Zugang zum Paß verriegeln wollte, der Großteil des Ortes wurde vernichtet. Einen Kanonenschuß westlich, beim Dorfe Iwla, heißt heute noch eine Schlucht «Todestal», zwei Geschütze stehen am Eingang. Die Kirche von Dukla gilt als sehenswert. Das Museum ist es kaum, es ist in einem alten Herrenhaus untergebracht, an dem der Zahn der Zeit genagt hat. Der Ausbau zieht sich etwas hin. Es ist zu besehen, was andere kleine Museen auch bieten: ein bißchen altes Kriegsgerät, sich immer wieder ähnelnde Photos. Der Kriegsbeginn: Deutsche Soldaten zerbrechen einen polnischen Schlagbaum. Das Kriegsende: Die rote Fahne auf dem Reichstagsgebäude. Dazwischen Kampfbilder, Karten. Blut, Schweiß und Tränen, vor Jahrzehnten geflossen, sind auf dem Papier zu roten Pfeilen durch schwarze Sperrlinien geronnen. Ein Helm, ein paar Orden, ein Granatwerfer. Totenstille in diesem Museum. Als dieser Begriff im Hirn zu wuchern beginnt, suche ich den Ausgang.

Unweit vom Bahnhof setzt sich der Gast aus der DDR an einen Tisch zu zwei Männern. Fragende Geste, Nicken. Die Unterhaltung wird fortgeführt von den beiden, eindringlich, heftig sogar, auch fröhlich. Wodka haben sie vor sich, sie essen Bigos, die Kellnerin kennt sie offenbar, vielleicht sind sie Stammgäste. Nachdem ein Thema abgeklungen ist, wenden sie sich dem Germanski zu: Woher? Leipzig, aha! In recht guter Stimmung sind die beiden inzwischen, Leipzig, sagt der eine in suchendem Deutsch, da kenne er die Familie Miller. Müller? Das habe er doch gesagt: Miller! Er kenne ungefähr neun Familien Müller, vermeldet der Gast und zählt auf: Universitätsdozent und Milchfrau, Autoschlosser und . . . Nein, in der Familie Miller, die er kenne, sei der Mann Ingenieur, und die Frau arbeite in einem Büro, sie haben zwei Kinder, morgens frühstücken sie zusammen; und der Mann zählt auf: Kaffee, Milch, Kakao, Butter, Ei, Brot. Der Junge fände des Morgens bisweilen schlecht aus den Federn, da sage Frau Miller . . . Polnischer Zwischendisput, die beiden lachen, die Kellnerin bringt drei Gläser mit Wodka und drei mit Wasser, also Prost auf uns drei und die fernen Millers in Leipzig! Und manchmal sei Messe, da hätten die Millers Besuch, und sie gingen durch die Messehallen, da sähen sie Mäntel, Schuhe, Strümpfe. Der Mann aus der DDR winkt nach der Kellnerin, da fallen ihm die beiden Polen erschrocken in den Arm. Er bestellt trotzdem, auch für die Kellnerin mit, zu viert trinken sie, und hast du nicht gesehen, steht Tatar auf dem Tisch, natürlich für den deutschen Gast mit, dem klargemacht wird, daß er alles, was auf dem Teller liege, sorgsam zusammenrühren müsse, auch Sardelle und Gurke. Der Gast betätigt sich nach Landessitte, dabei erfährt er, daß von der Familie Müller aus einer Schullektion die Rede war, alle, die in Polen die deutsche Sprache erlernten, erlebten die Millers mit. Also noch mal auf Millers! Der Germanski hebt das Glas, dabei weitere Vorhaben bedenkend, sagt er: Aber dann ist

Schluß! Dieser Satz gefällt seinen Tischgenossen ausnehmend gut, er geht ihnen flott von der Zunge: Aber dann ist Schluß! Noch einmal meint der Gast, sich revanchieren zu müssen, noch einmal bezieht er die Kellnerin in die Wodkarunde ein, wieder verdüstern sich die Mienen seiner Partner. Doch was will man machen, das Zeug steht nun einmal auf dem Tisch. Aber dann ist Schluß! Nun wird das Thema weiträumiger, auch ein Mann, der vom Nebentisch herüberkommt, beteiligt sich daran. Was vergangen sei, sei vergangen, drücken sie aus mit Worten und Gesten und Mienen, das Heute zähle, Sie verstehen? Jetzt sitzen wir vier hier, wir leben, ich lebe, Sie leben, meine Arbeit, und was machen Sie? Tourist, sagt der Mann aus Leipzig der Einfachheit halber. Das ist gut. Tourist ist sehr gut, nach Iwonicz Zdrój müsse er fahren, wunderbar! Der neue Mann am Tisch erlaubt sich, Einstand zu geben; – aber dann ist Schluß! Und wo kommt die nächste Runde Tatar her? Man könnte nicht trinken ohne zu essen, muß sich der Mann aus Leipzig belehren lassen, da fügt er hinzu, man könne auch nicht essen, ohne zu trinken, und streckt vier Finger in Richtung der Kellnerin. Vier Männer heben glasklar gefülltes Glas aus heimischer Glashütte zur Brust, schauen sich ernsthaft in die Augen und versichern: Aber dann ist Schluß!

Irgendwann ist auch einmal Schluß. Während der Leipziger energisch Luft holt und bedenkt, daß seine Wodkafahne in den nächsten Stunden ernsthafte Interviews ausschließt, fällt ihm ein: In Holland, Belgien und Dänemark stößt der deutsche Besucher ein Dritteljahrhundert nach dem Krieg noch immer auf reservierte Mienen, auf Ablehnung, Abstand, Kälte. Was der Faschismus diesen Völkern angetan hat, ist unvergessen, unverziehen. Warum ist das Klima anders in Polen, das stärker gelitten hat als jedes andere Land? Die Antwort bedürfte eingehenderer Studien, als sie bei ein paar Reportagefahrten möglich sind.

Menschenarm ist das Bieszczady-Gebirge, es ist das am dünnsten besiedelte Gebiet in Polen, nur 25 Menschen wohnen hier auf dem Quadratkilometer. Schafe weiden auf den Almen, manchmal bricht ein Braunbär aus dem Dickicht. Heute führt eine der schönsten Straßen Polens hindurch in einer weitgespannten Schleife. An dieser Straße, in Jablonki, steht das Denkmal des Generals Karol Świerczewski, der hier im Kampf gegen ukrainische Nationalisten, die UPA, gefallen ist; als General Walter war er Kommandeur der 14. Internationalen Brigade und später der 35. Internationalen Division im Spanischen Bürgerkrieg.

Ich war diesem Problem schon einmal auf der Spur. Vor zwanzig Jahren streifte ich auf der südlichen Seite der Beskiden durch die Wälder und ließ mir erzählen, wie es damals zugegangen war: Dem Druck der polnischen Armee wichen die Weißen auf slowakisches Gebiet aus, ich sprach mit einer Bäuerin: Eines Morgens hätten fünf Kerle in ihrem Heuschober gelegen, wie besinnungslos schlafend, auch der Posten an der Tür war über seiner MPi eingenickt. In der Niederen Tatra stand ich auf einer Alm, ein Gendarmerieoffizier zeigte mir die Stelle, an der eine Patrouille von Offiziersschülern in die Falle gelaufen war: Aufständische hatten mit drei Maschinengewehren im Hinterhalt gelegen. Wie viele Tote? Damals hatten versprengte Weiße versucht, sich über ČSSR-Gebiet nach Österreich durchzuschlagen, manchen war es gelungen, heute sind sie alte Männer in Kanada oder Australien. Klassenhaß brach auf,

Nationalitätenhaß, manche Dörfer waren von Ukrainern bewohnt, sie hatten sich im polnischen Staat zwischen 1918 und 1939 unterdrückt gefühlt, nun schlugen die Flammen hoch. «Sie wurden nach Schlesien ausgesiedelt», sagt Witek. Wo 1946 noch Dörfer waren, wächst heute Wald, nur wer die Geschichte kennt, sieht die Narben. Dreißig Jahre können im Leben eines Volkes und eines Waldes eine lange Zeit sein. Damals? Das ist alles so lange her wie der Dreißigjährige Krieg.

Ein letztes Mal sei von Krosno die Rede, und nun naht auch das letzte Kapitel der Lektion über Petroleumlampen. Der Markt ist quadratisch wie alle Märkte aller Städte in diesem Landstrich. Arkaden stehen unter Denkmalschutz. Busse fahren ab, auch Taxis, die Eilige in umliegende Dörfer bringen. Das Pflaster ist holprig, Gemüse wird verkauft, auch Eis, natürlich. Tauben schwirren auf, wenn vom Turm der Pfarrkirche «Urban», die zweitgrößte polnische Glocke, ihre Erzstimme erdröhnen läßt. Wer Glück hat, kann an einem Marktstand eine Heiligenfigur kaufen, Schnitzwerk aus einem Dorf der Umgebung, Volkskunst, kein Schmarren für Touristen. Im ersten Haus am Platze könnten die k. u. k.-Offiziere aus Roths «Radetzkymarsch» getrunken und gespielt haben. Die Kellergewölbe sind bis ins 14. Jahrhundert nachweisbar, selbstredend sind sie zum Weinlokal hochgetrimmt, mit Holztischen und schmiedeeisernen Leuchtern. Der Besitzer ist kundiger Sammler, hübsche und häßliche Exemplare stehen hinter der Theke aufgereiht. Mit Gästen aus Warschau und Kraków ist er im Disput. Ach, klagen sie alle, zu erwerben sei nichts mehr, in den letzten zehn Jahren sei die letzte alte Lampe aus der letzten Gerümpelkammer geholt worden, der Markt leer. Oder verkaufen etwa Sie? Tauschen vielleicht – einer sucht wirklich reines Empire, bietet ein eklektisches Stück. Köpfe werden geschüttelt, keiner beißt an. Wir wäre denn das, frage ich als Laie, wenn nun ein echter Lukasiewicz auftauchte, eine Blechdose nachweislich aus der Hand des Meisters, welcher Preis würde da wohl gezahlt? Die Fachleute zucken die Schultern. Eine halbe Million Złoty, vermuten sie – wer könne das schon sagen? Es komme ja sowieso nicht vor.

Ende der Lektion. Jetzt mal langsam nachsprechen: Lukasiewicz. Etwa so: Lwukaschiewitsch. Na also, warum denn nicht gleich!

Sonnenpause für Gespenster

Wer im Sommer 1984 bei der Fahrt durch England und Schottland Zeit fand, trotz der Tücken des Linksverkehrs nicht nur auf die Fahrbahn zu starren, registrierte frühreife Gerste, der Weizen gilbte eher als auf dem Festland, Wiesen waren verdorrt, Flüsse schottrige Rinnsale, Speicherbecken leer. Der britische Jahrhundertsommer brachte es mit sich, daß über der Insel Skye keine Nebel wallten, Sicht war bis zum Horizont und zu den Gipfeln, Winde wehten, keine Ahnung erstand von Feen und anderen ortsüblichen Gespenstern, die sonst dort wabern. Skye war freundlich zu seinen Besuchern.

Es liegt dem schottischen Festland an der Westflanke vorgestreckt, ist 80 Kilometer lang und höchstens 50 breit, tief eingebuchtet von allen Seiten, der höchste Berg ragt über tausend Meter auf. Bei Kyle of Lochalsh hätte man längst eine Brücke hinüberschlagen können, man tat es nicht: Die Bewohner von Skye hätten sich gewehrt, heißt es, echte Insulaner wollten sie sein und bleiben; so tuckert die Fähre die knapp 300 Meter über den Fjord, beladen mit Lastern und Personenautos, mit Einheimischen und Rucksackwanderern. Eine Burgruine drüben stimmt sofort ein: Geschichte, wohin du trittst. Auf dem anderen Ufer geht es weiter aus eigener Kraft oder mit dem Bus, Skye hat hier seinen zivilisiertesten Teil mit Hotels, Ponyausleihe und Golfrasen, zum Flugplätzchen können Betuchte aus Glasgow herüberspringen. Hier wachsen Gerste und Himbeeren,

Rosen und Kohlrabi, Steinmauern grenzen Feld- und Wiesenstücke ab wie überall.

Doch die meisten Besucher gelüstet es nach Einsamkeit, nach kahlen Bergen und Hochmooren, denen der Reisefeuilletonismus das Worthäppchen «schweigend» beigibt. Die liegen überreichlich nach Norden und Westen zu, die Straßen sind in gutem Stand, kurvenreich. So geht es erst einmal nach Portree ins Zentrum der Insel, das alles hat, was eine Hauptstadt braucht, Verwaltung, Informationsbüro, Krankenhaus, Internatsschule, Kirche, in der zweimal am Tag englisch, einmal gälisch das Wort des Herrn verkündet wird. Auch von Skye wurden die jungen Männer im ersten großen Krieg auf die flandrischen Abschlachtfelder getrieben, im zweiten kämpften sie in Afrika und der Normandie, «nur» ein Viertel der Toten des ersten Krieges kostete der zweite. Ein armer Junge aus Skye starb in Korea. Falls der Falkland-Wahnwitz einen Skye-Abkömmling das Leben kostete: Für seinen Namen wäre noch eine Steinplatte frei, das Mahnmal ist auf Zuwachs eingestellt.

Neben dem Gedenkwürfel stehen die Busse, die von weit heranbringen und nach dem Norden karren. Denn jedermann muß nach Dunvegan Castle, sonst wäre sein Besuch auf Skye noch nicht einmal eine halbe Sache. Geschichtsbemerkung: Im Mittelalter war Schottland in Clans gegliedert, das jeweilige Oberhaupt ließ sich eine Burg bauen, manchmal kaum mehr als einen Turm, gab Land zu Lehen, zog mit den Hintersassen in den Kampf, der meist unverhohlene Räuberei war, es war die schlimme, alte Raubritterzeit, grausam und historisch absolut uninteressant. Als überlieferungswürdiger Scherz galt, wenn man den Burgnachbarn zum

Festmahl lud und ihm als Tafelschmuck das Haupt von dessen Sohn oder Neffen präsentierte. Ende des 18. Jahrhunderts zerstörten die Clanchefs diese Ordnung, indem sie die Bergbauern hinaustrieben, damit mehr Schafe Platz hatten; seitdem liegt das Hochland menschenleer. Fontane, der 1858 hier reiste, schrieb: «Der Clangeist ist hin, seine Kraft längst gebrochen, aber die alte Wahrheit: ‹Viel später als die Dinge selbst stirbt der Name der Dinge›, diese alte Wahrheit, sag ich, bewährt sich auch hier.»

Und wo die Erinnerung an den Clangeist auszusterben drohte, wo er längst zerstört war durch die Adelsherren zu Beginn des Kapitalismus, als Schafe gewinnbringender waren als niedere Stammesgenossen, da wird nachgeholfen. Aus den USA, Kanada, aus Australien gar wird herbeigelockt, wer MacLean oder Mackenzie, MacIntosh oder MacPherson heißt. In Aviemore füttert er seine Daten in den Computer; und der entschlüsselt, zu welcher Sippschaft die Vorfahren zu zählen waren. An die häßliche Vergangenheit wird nicht gerührt, in der Ahnenheimat, so wird suggeriert, lägen die Wurzeln der Kraft, man sei nicht Staub im Wind der neuen Welt, sondern habe *history*, beinahe einen Stammbaum. Das Ganze ist ein Millionengeschäft. In allen Läden, auch in Portree, komplett schließlich in Inverness, Perth, Fort William und Ullapool, hängen die Wollstoffe mit den Clanmustern dicht an dicht. In den Tartans, den Designs also, dominiert Grün beim irischen, Rot beim piktischen, Gelb beim norwegischen Einfluß. Das Gemuster ist zur Wissenschaft geworden, die sich ausmünzen läßt. Aus dem haltbaren Schottenstoff, gewebt aus der Wolle der schwarzfüßigen, schwarzköpfigen Hochlandschafe, schneidert man den Knierock oder die Krawatte, Fußbodenbeläge sind so gemustert. Auch das Band, das die Königin in diesem Sommer durchschnitt, als sie eine schottische Brücke weihte, war von landesüblichem Farbgekreuz.

Eine der emsigsten und erfolgreichsten Werbetrommlerinnen für den Heimatgedanken war Dame Flora MacLeod of MacLeod. Sie residierte auf Schloß Dunvegan am Nordwestzipfel der Insel; als sie kürzlich starb, war sie 98 Jahre alt geworden. Sie hatte beizeiten begriffen, daß man sich einiges einfallen lassen mußte, damit sich dahinten nicht weiterhin Karnickel und Hammel Gute Nacht sagten. «Dame Flora», so verkündet der Inselprospekt, «reiste auf der Suche nach Angehörigen ihres Clans im Ausland um die ganze Erde und proklamierte für sie Schloß Dunvegan zum weltweiten Zentrum der Wiedervereinigung.» Hochgefühl wallt auf bei solchem Adelswort, wer möchte da an die vergangene barsche Praxis denken, Gerichtsvollzieher und Soldaten mit Brandfackeln in die Weiler zu schicken und die Hinterbergler übers Meer. Rastlos war Dame Flora tätig, auch der jetzt gültige Prospekt beginnt mit dem Vorspruch der Inselmutter: Wunderbar und unvergeßlich, kaum schöner als, wundersam, man *muß*, unendlich, uralt, lieblich – so lauten ihre Vokabeln. Nur der Fremdenverkehr kann Skye am Leben erhalten, und so stritt Dame Flora gleichermaßen fürs Gemeinwohl wie fürs eigene Portemonnaie. Der Eintrittspreis für Park und Schloß Dunvegan beträgt anderthalb Pfund.

Davor ist Parkgebühr zu berappen. Dann wandert der Beschauer, Clan-Nachfahr oder nicht, zwischen Eichen und Kiefern, Rhododendron und Rosen aufs

Schloß zu, türmig und grau wie aus dem Gruselfilm liegt es da. Drin sind Porträts der MacLeods zu besichtigen, das Schwert des Haudegens Rory Mor, Porzellan und Silber, Plunder zwischen Kostbarkeiten, auch eine Haarlocke von Prinz Charlie, dem letzten Schotten, der es mit den Engländern aufnahm. Hier verbarg er sich auf der Flucht, nachdem alles verloren war, ehe er sich nach Irland davonmachte. Seine Gefährtin, die ihm die Treue hielt, ist ein paar Meilen weiter beigesetzt, dort liegen Blumen vor einem Obelisk. Unter Glas hängen Gespinstreste, Überbleibsel der Feenfahne, die den MacLeods in hundert Raufereien und Fehden voranwehte und ihnen wundersame Kraft verlieh: Das so beschworene Gespensterweib war im Bunde mit den Mächtigen. Auch Dame Flora hat sich selbstredend malen lassen; so wie sie, überlebensgroß, blickt auf anderen Gemälden Königin Elisabeth, die die Schottin Mary bezwang und köpfen ließ; so blickte Berta Krupp, blickt die regierende Eiserne Lady.

Von den Zinnen aus schaut man über Buchten und Berge, bei klarem Wetter bis zu den Äußeren Hebriden gar, mit einem Bootchen kann man zu Klippen fahren, auf denen sich Robben aalen. Die MacLeods von heute haben die Region straff in der Hand, wenige Meilen vom Schloß entfernt liegt das Harlosh-Hotel mit Hausbäckerei und Weinkeller; es arrondiert den Familienbesitz. Auf dem Boden der MacLeods liegen Park- und Campingplatz, letzterer mit Duschen und Wäscherei, die Bude mit dem Andenkentineff – es ist dafür gesorgt, daß Butter aufs Adelsbrot kommt. Zugegeben, die Steuern sind happig, und man möchte doch nicht, daß es der Schloßgärtner den Bergleuten nachmacht und streikt!

Man kann komfortabel leben auf Skye mit Appartement und Bar, man kann es preiswert haben für durchweg sieben Pfund für *bed and breakfast*, die landesübliche Übernachtungsform im Privathaushalt, fast immer mit Dusche. Das Frühstück ist überreichlich mit Cornflakes, Milch, Tee, Toast, Spiegelei, Magerspeck und gebratener Wurst, auch mit *black pudding*, einer Blutwurstgrütze, wie sie mir aus der Nachkriegszeit in magenumdrehender Erinnerung ist. Solcherlei Mahl sei vortrefflich für Körper und Seele, wollte mir eine Frühstücksmutter klarmachen, die einige Zeit in der Schweiz gelebt und nicht alles vergessen hat, was ihr dort an Sprachkenntnis zugeflogen war; «*healthy*», sagte sie und suchte vergebens nach dem Wort «gesund», bis ihr einfiel: «Es putzt das System.» Mein System blieb gewöhnlich blank bis zur Teezeit am späten Nachmittag.

Klippen an allen Küsten, Schründe, Wasserfälle, eine Felsnadel, die bis 1955 allen Bergsteigern trotzte – an Romantik kein Mangel. An einem besonders markanten Punkt an einer Straße, wo der Blick schweifen kann und genügend Platz ist, daß Autos parken, hatte sich ein Dudelsackamateur aufgestellt, nagelneu schottisch gewandet von oben bis unten, daß es nur so blitzte. Seine Knie waren blaugefroren wie die der Posten vor dem Schloß in Edinburgh – dort hörte ich Touristinnen aus Sindelfingen klagen, man wähle diese jungen Männer leider nicht nach der Schönheit ihrer Knie aus. Auch der Volkstümler aus Skye zeigte Knorpliges unter dem Kilt. Dennoch galt er als Photomodell von Rang, Münzlohn fiel in den Pappkarton zu seinen Füßen, und auf den Photos wird ja nicht zu erkennen sein, wie schaurig er blies, welch jaulende Töne er erzeugte. Nebenher verkaufte er Schneeheide im Becher, die, wenn sie durch die Fährnisse des Reisens wohlbehalten nach Utah oder Neuseeland transportiert worden ist, im Vorgarten wuchern kann. Oder man pflanzt sie auf Omas Grab: Gruß aus der schottischen Heimat.

Skye war waldlos von alters her. Das soll sich ändern: Wie auf dem Festland auch wird aufgeforstet, schwere Pflüge reißen dazu den Moorboden auf, Fichten, Kiefern und Lärchen werden gepflanzt, das ist mühselig und kostet viel Geld. 1932 wurde damit begonnen, bis heute sind knapp 4000 Hektar bepflanzt, kürzlich wurden die ersten abgeernteten Stämme zur Holzschleiferei nach Fort William gebracht. Skye könnte lieblicher werden durch Wald, wirtschaftlich gesünder, aber die Forstfläche bedeckt erst ein Prozent des Möglichen. Ein weiter, teurer Weg noch, bis Hirsche röhren, bis die Büchse knallt. Immerhin: Fünfzig Arbeitsplätze sind durch die Forstwirtschaft schon geschaffen, und das zählt.

Rauh ist der Norden, schwer ist der Beruf der dort lebenden Pächter, die man Crofter nennt. Etwa 1600 Betriebchen sind es auf der ganzen Insel. Sie besitzen zusammen 5000 Rinder und 85 000 Schafe, die die steinigen Hänge, die Moore sprenkeln. Überall wird Torf gestochen, eine schwere Arbeit. Leise und mit sanfter Flamme verbrennen die Torfstücke in den Kaminen, nach unseren Wärmevorstellungen kann man auch am schönsten Sommerabend ein Feuerchen vertragen. Bei Kilmuir hoch im Norden bebauen klimaverachtende Crofter ein paar handtuchgroße Feldstücke mit Hafer, der sich verbissen an die magere Krume klammert. Tapferer Hafer, heldenmütige Kartoffeln auf ein paar Beeten nahebei. Ich werte es schon nicht mehr als Prospektprotz, sondern als grimmigen britischen Humor, wenn sich ein Werbeschriftverfasser einfallen läßt: «Die weite, fruchtbare Ebene von Kilmuir, die Kornkammer von Skye!» Nichts schrieb dieser Federheld über die Milliarden von Mückengesindel und kleinen, dummen Fliegenbiestern, die aus allen Sumpflöchern aufsteigen und von denen sich ein Großteil meine Ohrläppchen und Nasenlöcher als Tummelplatz erkoren hatte.

In jenem Sommer hatten die Gespenster von Skye eine schwere Zeit. Ihr Lebenselixier ist der Nebel, aus sprühenden Regenvorhängen weben sie ihre Gewänder, aus den Staubfahnen der Wasserfälle schneidern sich die Hexer ihre Kilts. Es spukt sich miserabel, wenn die Sonne knallt, Trockenheit den Moorflämmchen den Sumpfgashahn abdreht. Das Rumoren in Verliesen und Ruinen macht wenig Spaß, wenn kein Wind heult. Die Gespenster und Feen von Skye zogen sich eine Saison lang in die Schmollwinkel der hintersten Täler zurück. Dort besserten sie ihre Schleier aus, pflegten den Rost auf den Ketten, übten Ächzen und Rasseln. Im Regenherbst, das ist gewiß, werden sie wiederkommen.

«Auf die Berge will ich steigen»

Am bekanntesten von Heinrich Heines «Harzreise» wird der Prosabeginn bleiben. Vorangestellt ist ein Gedicht, dessen letzte Strophe lautet:

Lebet wohl, ihr glatten Säle!
Glatte Herren! Glatte Frauen!
Auf die Berge will ich steigen,
Lachend auf euch niederschauen.

Es war keine gute Zeit für den Studiosus H. Heine in Göttingen. Ein «Fräulein Reue» meldete sich oft in seiner Brust und greinte: «Du hättest in Bonn bleiben sollen!» Aber nun war er in Göttingen, einem reizlosen Nest, und lästerte:

«Die Stadt Göttingen, berühmt durch ihre Würste und Universität, gehört dem Könige von Hannover und enthält 999 Feuerstellen, diverse Kirchen, eine Entbindungsanstalt, eine Sternwarte, einen Karcer, eine Bibliothek und einen Rathskeller, wo das Bier sehr gut ist.» Bei Professor Benecke hörte er eine Vorlesung über altdeutsche Dichtung und klagte in einem Brief einem Freunde: «Denk Dir, Fritz, nur 9 (sage neun) Studenten hören dieses Kollegium. Unter 1300 Studenten, worunter doch gewiß 1000 Deutsche, sind nur 9, die für Sprache, für das innere Leben und für die geistigen Reliquien ihrer Väter Interesse haben. O Deutschland! Land der Eichen und des Stumpfsinns!» Man schrieb das Jahr 1820, der mächtigste Mann, so weit die deutsche Zunge klang, hieß Metternich.

Denk ich an Göttingen in der Nacht, heutzutage, fällt mir jener Journalist aus dieser Stadt ein, der in einem Wochenblatt, auf das wir zurückkommen müssen, dem «Schlesier», für bundesweites Aufsehen sorgte. Er legte sich mit dem Bundespräsidenten an, der aus Anlaß des 40. Jahrestages des Kriegsendes gesprochen und die Schuld am Zweiten Weltkrieg Hitler und seinen Gefolgsleuten angelastet hatte. Der tolldreiste Göttinger bezeichnete Churchill und Roosevelt als Kriegstreiber, die ihre Völker gegen das «wiedererstarkte Deutschland» aufgehetzt hätten. Ach, und neben diesem Weißwaschversuch erhebt im Blatte, das den Untertitel «Breslauer Nachrichten» trägt, Dr. Herbert Hupka, MdB, das Wort: «Wir wollen uns nicht nur zu Schlesien bekennen, sondern für Schlesien demonstrieren. Die offene deutsche Frage umfaßt und umschließt auch und gerade Schlesien. Schlesien Glückauf!» Und in diesem unserem Göttingen veröffentlichte am 8. Mai 1985 im «Göttinger Tageblatt» eine gewisse «Deutsche Gemeinschaft» eine Annonce, in der es hieß: «Das deutsche Volk gedenkt seiner tapferen Soldaten.»

«Die Stadt Göttingen, berühmt durch ihre Würste und Universität» – als Heine beides nach vier Jahren staubtrockenem Jurastudium gründlich satt hatte, den Mief und den Talarmuff von tausend Jahren – einem Duell war er um Haaresbreite entronnen –, machte er sich eines Tages auf zur Wanderung nach Norden; Nürten querte er und Nordheim, mit heutigen Worten: Er schritt dahin auf der Bundesstraße 3 und bog ostwärts ab auf die 241. Er kehrte ein, traf Krämer, die zur Messe zogen, und Frauenzimmer, bepackt mit Geräten, in denen Vögel piepsten. Waren sie für den heimischen Käfig gedacht oder für die Pfanne? fragt der Vogelfreund heute bang; für Heinen war's kein Problem, für meine Leipziger von dunnemals schon gar nicht, die verspeisten Lerchen schockweise. In Osterode kam er nächtens an, spürte keinen Appetit und ging gleich zu Bette: «Ich war müde wie ein Hund und schlief wie ein Gott.»

Klausthal wurde ihm zum Erlebnis, denn er durfte zusehen, «wie das Geld gemacht wird. Freilich, weiter hab ich es auch nie bringen können. Ich hatte bei solcher Gelegenheit immer das Zusehen, und ich glaube, wenn mal die Thaler vom Himmel herunter regneten, so bekäme ich davon nur Löcher in den Kopf...» In zwei Gruben fuhr er ein – wie es scheint, ohne bürokratische Schwierigkeiten, denn er erwähnt nichts davon, es ging ab ohne Sicherheitsbelehrung und eigenhändige Unterschrift, daß er im Falle eines Unfalls alle Folgen selber trage. «Die Leitersprossen sind kothig naß. Und von einer Leiter zur anderen geht's hinab, und der Steiger voran, und dieser betheuert immer, es sei gar nicht gefährlich, nur müsse man sich mit den Händen fest an den Sprossen halten, und nicht nach den Füßen sehen, und nicht schwindlicht werden, und nur bei Leibe nicht auf das Seitenbrett treten, wo jetzt das schnurrende Tonnenseil heraufgeht, und wo vor vierzehn Tagen ein unvorsichtiger Mensch hinuntergestürzt und leider den Hals gebrochen.»

Dann warf Heine ein Paar Stiefel aus dem Ranzen und marschierte gen Goslar, einen Berg zur Rechten, der Schalke heißt, aber er dachte nicht an Aufstieg oder Abstieg dabei. Nichts wußte er vom Blei im Boden in und um Oker, im Blut der Menschen und im Blumenkohl. Blei war ihm damals etwas, das schlimmstenfalls durch die Luft sirrte, auch «Blaue Bohnen» genannt;

von ihm und anderen Schwermetallen im Wasser, in den Waldpilzen und den Lebern der Schlachttiere ahnte keiner etwas. «. . . ich schlenderte wieder bergauf, bergab, schaute hinunter in manches hübsche Wiesenthal; silberne Wasser brausten, süße Waldvögel zwitscherten, die Herdenglöcklein läuteten, die mannigfaltig grünen Bäume wurden von der lieben Sonne goldig angestrahlt, und oben war die blauseidene Decke des Himmels so durchsichtig, daß man tief hineinschauen konnte bis ins Allerheiligste, wo die Engel zu den Füßen Gottes sitzen, und in den Zügen seines Antlitzes den Generalbaß studieren.» Heute würde der Student Heine mit einem alten VW-Käfer fahren, bilde ich mir ein, bemalt mit Sprüchen: «Nein danke!» zu diesem und jenem, «I love» dieses und jenes.

Doch was ist ihm über die Leber gelaufen, daß er so grantig in Goslar ankam? Vielleicht doch ein böses Cadmium-Molekül, weil er aus zweifelhafter Quelle schlürfte, oder schwamm Bleischaum auf der Suppe, die man ihm in der «Krone» in Klausthal tischte? «Das Rathaus zu Goslar ist eine weißangestrichene Wachstube. Das danebenstehende Gildenhaus hat schon ein besseres Ansehen. Ungefähr von der Erde und vom Dach gleich weit entfernt stehen da die Standbilder deutscher Kaiser, räucherig schwarz und zum Teil vergoldet, in der einen Hand das Scepter, in der anderen die Weltkugel; sehen aus wie gebratene Universitätspedelle.» Mag sein, daß Heine ein anderes Verhältnis zu deutschen Kaisern hatte als unsereiner, die alten waren noch nicht so lange abgetreten, und es kamen ja noch drei Stück neue nach.

Er hat nicht gut geschlafen in Goslar, der Heinrich. Die Glocken schlugen gähnend und grell um Mitternacht, «und da war es mir plötzlich, als hörte ich auf dem Korridor vor meinem Zimmer etwas schlottern und schlappen, wie der unsichere Gang eines alten Mannes. Endlich öffnete sich meine Thür, und langsam trat herein der verstorbene Doktor Paul Ascher. Ein kaltes Fieber rieselte mir durch Mark und Bein, ich zitterte wie Espenlaub, und wagte kaum das Gespenst anzusehen.»

Ob ihm heutzutage Rübezahl erschienen wäre, der grämige Riesengebirgler? «Was ist ein Gespenst?» fragte das Gespenst, und Heines Zähne klapperten wie Kastagnetten. Das hätte er heute auch haben können, da hätte es gar nicht zweideutigen Mondscheins bedurft, er hätte sich nur die bereits erwähnte Zeitschrift «Der Schlesier» zu kaufen brauchen. Denn in Goslar liegt nicht nur Guderian begraben, Hitlers schneidigster Panzergeneral, hier lebt und webt jener junge Mann, der letztens für Schlagzeilen in Ost und West sorgte, als er im «Schlesier» spintisierte, wie Panzer der Bundeswehr bis an die sowjetische Grenze schweifen und heimholen, was Hitler verspielte. Hier wuchs er auf als Vorsitzender der «Schlesischen Jugend Goslar», hier erscheint auch die Jugendzeitschrift «Phönix», ein braunes Wurstblatt. «Schlesien bleibt unser» – darüber wäre in der Gespensterstunde der schlesische Berggeist zu befragen gewesen – kein Zweifel, daß sich Heine in früher Stunde beeilt hätte, daß er weiterkam.

An Goslar kann man heutzutage trotzdem sein Herz verlieren. Ich kam an mit der Bundesbahn und streifte kreuz und quer durch Straßen und Gassen, und siehe da, ich, der Fußgänger, war König. Ich kann mich nicht entsinnen, in letzter Zeit meine Sohlen auf ein bundesdeutsches Pflaster gesetzt zu haben, das so freundlich zu ihnen war. Noch nicht einmal vor dem Bahnhof gewahrte ich eine Ampel. Das Äußerste, das man dem Pilger antut, ist, daß man ihn auf einem Schilde bittet, er möge gruppenweise die Fahrbahn queren. So ist es überall in der Stadt, Zebrastreifen und die nötigen Schilder dazu, und die Autofahrer sind friedlich und hupen nicht, und man muß gar nicht erwägen, Tempo 30 durchzudrücken, schneller kommt sowieso keiner voran. Keine Stadtautobahn etwa stößt ins Zentrum hinein, zerschneidet es und erfüllt es mit Lärm und Gestank. Dabei ist Goslar kein Nest, es trägt die Bezeichnung «Große selbständige Stadt» und zählt mehr als 50 000 Einwohner.

Kollege Heinrich, warum hast du denn nicht einmal ins Rathaus hineingeschaut, in den Huldigungssaal mit seinen Tafelgemälden an Wänden und an der Decke? Je drei Propheten hättest du an den Seiten gewahrt und in den Ecken die Herren Evangelisten, in den Mittelfeldern hättest du die Verkündigung, die Geburt, die Anbetung durch die Heiligen Drei Könige und die Darbringung des jungen Herrn Jesus im Tempel besehen können, und wärst verblüfft gewesen: Eine Bildwand läßt sich öffnen, dahinter liegt ein Kapellchen. Heutzutage muß man an schönen Tagen Geduld aufbringen, um das alles bewundern zu dürfen, denn zu jeder Führung sind nur zwanzig Personen zugelassen. Bloß kein Massenauftrieb! «Weißangestrichene Wachstube» – Einspruch, Euer Ehren! Die Kaiserfiguren stehen immer noch unterm Dach des Gildenhauses, darin ist jetzt ein nobles Hotel. Und davor auf dem Markt quirlt Leben und Treiben, da kann man Obst und Gemüse kaufen und ein paarmal am Tage zuschauen, wie sich hoch unter einem Dach Klappen öffnen, Figuren rucken heraus, Pferd und Bergleute und Jagdgetier, und ein Glockenspiel klingelt dazu: «Im Wald und auf der Heide» sowie «Ein Jäger aus Kurpfalz», obwohl diese nun wirklich weit weg ist, auch «Deutsch ist die Saar» klimpert, aber es ist gewiß ein anderer Text gemeint: «Der Steiger kommt». Dieses Spektakulum, Kollege Heine, entstammt neuerer Zeit, davon konntest du nichts wissen – ein Konzern hat es uns beschert.

Goslar hat Glück gehabt im letzten Krieg, hier fielen keine Bomben, und als die amerikanischen Panzer kamen, wurden schnell weiße Fahnen aus allen Fenstern gehängt. In einem Stadtführer steht ein inhaltsschwerer Satz: «Mehr als 1000 Bauten haben Denkmalswert.» Das bedeutet auch Bürde, viele Häuser sind bewohnt, da ist es nie leicht, Bewahrung des Alten mit heutigen Ansprüchen unter einen Hut zu bringen. Das Glanzstück ist die Kaiserpfalz, sie war arg heruntergewirtschaftet und wurde vor etwa hundert Jahren wieder hergestellt, als das Mittelalter im Kaiserdeutschland Konjunktur hatte, als Kölner Dom, Marienburg und Wartburg endlich fertiggebaut wurden. Eine Sünde immerhin wider den alten Stadtgeist ist zu nennen: Ein Kaufhausklotz in der Innenstadt; es hätte schlimmer kommen können.

Über der Stadt buckelt der Rammelsberg, von Erzadern durchwirkt. Ihm verdankt Goslar seinen Reichtum, seine Bedeutung. Alexander v. Humboldt sprach von der «klassischen geologischen Quadratmeile der Welt», in der sich Formationen vom Erdaltertum bis zu den neueren Ablagerungen über- und durcheinanderschieben. Bergbau und Hüttenwesen, die Industrien der Steine und Erden finden hier ihre Basis. Quellen spülen Mineralien aus dem Gestein. Der Reichtum blieb nicht ohne Reue, häßlich und giftig liegen Halden ringsherum, vielleicht wird man sie noch einmal durchwühlen, um der Beute und der Säuberung willen. Aber das ist nicht «ausdiskutiert» und natürlich eine Frage des lieben Geldes.

Das Erz des Rammelsberges lockte Sachsen- und Salierkaiser an. Heinrich IV. ist in Goslar geboren, als Canossabüßer ging er in die Geschichte und sein Gang in die Redewendungen ein. Friedrich Barbarossa hielt in Goslar seine Reichstage ab. Später ersoffen die besten Schächte, technischer Fortschritt machte erst nach Jahrzehnten möglich, tiefer in den Berg hinabzusteigen. Dann wurde der Rammelsberg den Braunschweigern zugeschlagen – aus war's mit Goslarer Herrlichkeit. Goethe war natürlich hier, auch er ein Harzreisender. Das ist an einem Haus vermerkt, das heute eine katholische Grundschule beherbergt. Daneben hängen Tafeln, die die Hitlergeneräle Rommel und Guderian vor dem Vergessen bewahren sollen, die waren Soldaten in Goslar. Eine preußische Militärstadt war Goslar eben auch.

Eines der schönsten Häuser heißt «Das Brusttuch», es liegt in einer Straßengabel und hat deshalb einen dreieckigen Grundriß. Ein steinreicher Hüttenbesitzer ließ es vor mehr als 450 Jahren erbauen, jetzt dient es als Gaststätte und Hotel. Die Steinmetzen, Zimmermänner und Schnitzer von damals haben beste Arbeit geleistet, alles ist wohlerhalten, hier kann man speisen in schönster Harmonie, kann zu den Historiengemälden aufblicken und auf der «Langen Bank», dem Stammtisch, zusammenrücken. Der Prospekt verheißt: «Eine aufmerksame, eingespielte Mannschaft erfüllt die kulinarischen Wünsche anspruchsvoller Gäste mit allem, was früher den Gaumen erquickte und heute noch erfreut – vom Harzer Käse mit Griebenschmalz bis zur Kaufherrentafel, einer Speisenfolge in mittelalterlicher Manier.» Da möchte ich gern mit meinem VS-Vorstandskollegen Gert v. Paczensky wiederkommen, dem Berufsfeinschmecker, um von ihm zu hören, ob das alles wohl stimmt. Als ich – nun ja, mancher schwört, dreimal aufgewärmtes Rotkraut schmecke am besten. Auch das eine Harzer Tradition?

Lange hat sich Heine hier nicht aufgehalten. «Von Goslar ging ich den andern Morgen weiter» – ach, seitab liegt ja immer noch Klausthal-Zellerfeld, wo der junge «Schlesier»-Stratege sein publizistisches Maulwerk erlernt hat, beim Bundeswehr-Bataillon 800, das für «Psychologische Verteidigung» zuständig ist, wo man tüftelt, wie man den Hirnen und Herzen des Gegners mit Flugblatt und Lautsprecher-Propaganda beikommt. «In ihren weißen Nachtmänteln standen die Berge, die Tannen schüttelten sich den Schlaf aus den Gliedern, der frische Morgenwind frisierte ihnen die herabhängenden grünen Haare, die Vöglein hielten Betstunde, das Wiesental blitzte wie eine diamantenbesäete Golddecke, und der Hirt schritt darüber hin mit seiner läutenden Herde.»

Immer weiter hinauf stieg Heine, er sah den Harz, und der Harz sah ihn, er dachte nach über Hexen und den Doktor Faustus, diesen Erzdeutschen, und manchmal war ihm, als klappere der bekannte Pferdefüßler heftig atmend einen halben Schritt hinterher. Das hätte nun heute bald ein Ende, denn da ginge es nicht weiter von Deutschland nach Deutschland, da sirrte über ihm ein Hubschrauber des Bundesgrenzschutzes anstelle einer Besenreiterin, und dann dräuten da Warnschilder und schließlich der handfeste Metallgitterzaun, genannt «moderne Grenze» oder auch «antifaschistischer Schutzwall». Überschritte Heine weiter nördlich oder südlich an beaufsichtigter Stelle die deutsche Wunde, würde er gewiß mit Jubel empfangen, nach Berlin gebracht und mit dem Nationalpreis 1. Klasse ausgezeichnet und dem Karl-Marx-Orden obendrein. Der Heinepreis-Ost ging ja kürzlich an Bernt Engelmann aus Rottach-Egern im Bayrischen, einmal für seine Bücher, dafür sei er ihm gegönnt, dann aber auch, weil er, ehemals Vorsitzender des bundesdeutschen Schriftstellerverbandes, Arm in Arm mit Hermlin und Kant Friedenspolitik betrieben habe. Weil er dabei auf dem linken Auge blind und dem linken Ohr taub gewesen sei, traten etliche aus dem VS aus und sind partout nicht zurückzuholen.

Kollege Heinrich, ehe du den nach dir benannten Preis annehmen solltest, möchte ich gern ein Wörtlein mit dir reden. Es wäre ein Spaß, dich wieder im deutschen Lande zu haben, und nicht wenige hätten Schiß vor dir, auch diesseits des Harzes, verlaß dich drauf. Heinrich Heine in Ostberlin – womöglich würde man ihm die Wohnung an der Chausseestraße zuweisen, in der einst der Biermann gewohnt und wo die Wanzen gewiß noch warm sind. Man würde ihm manchen Wunsch erfüllen, aber einen bestimmt nicht, abermals den Brocken zu besteigen, denn da oben schließt eine Ringmauer das Geheimste vom Geheimen ein, dort ist alles vollgestellt mit köstlicher Elektronik, die weit in die westliche Landeshälfte hineinspäht und jedes Zucken einer Panzermotorzündkerze aufzeichnet und jeden Rekrutenfurz registriert. Nicht von einer wunderlich zusammengesetzten fremden Gesellschaft würde er erwartet, nicht in Studentengespräche über Duelle, Duelle und Duelle verwickelt werden wie bei seiner damaligen Reise. Eine lange Nacht erlebte er mit allerlei Verwunschenheit – nein, zu ihr würde es dort oben unter gar keinen Umständen kommen.

Heller wird es schon im Osten
Durch der Sonne kleines Glimmen,
Weit und breit die Bergesgipfel
In dem Nebelmeere schwimmen.

Hätt ich Siebenmeilenstiefel,
Lief ich mit der Hast des Windes
Über jene Bergesgipfel,
Nach dem Haus des lieben Kindes.

Das will ich gerne glauben, Henry. Vorher hätte ich dir noch die Hänge gezeigt, auf denen die Fichten gestorben, geschlagen und wegtransportiert sind und auf denen man nun Ebereschen und Birken heimisch zu machen sucht, bis bessere Zeiten kommen und der Regen wieder süß aus den Wolken fällt. «Ich kann viel vertragen», steht in der «Harzreise», da ist freilich anderes gemeint als der Anblick von Geisterwäldern, Baumgerippen und Todesstreifen dazwischen.

Aber ich könnte dir auch Tröstliches vermelden. Als vor einiger Zeit Büchsen knallten, fiel kein Jagdgeflügel aus den Bäumen, vielmehr sanken Zweiglein herab, die schlaue Förster ins niedersächsische Tiefland brachten und in Pflanzbeete steckten – dort sollen sie heranwachsen, um in Jahrzehnten, wenn die Lüfte wieder duftiger wehen, ihrerseits Samen für eine Aufforstung da oben zu spenden. Samen sind in Kühlhäusern eingelagert – wo sie aber nicht ewig keimfähig bleiben, und Eicheln kann man bei null Grad Lagertemperatur ohnehin nur zwei Jahre lang frischhalten. Deutschland – wenn auch an Stumpfsinn kein Mangel, die Eichen könnten uns schon mal ausgehen.

Zum Geschlossensten aus Heines Feder zählt «Die Harzreise» nicht, der Mann wußte es selbst und bekannte, sie «ist und bleibt Fragment, und die bunten Fäden, die so hübsch hineingesponnen sind, um sich im Ganzen harmonisch zu verschlingen, werden plötzlich, wie von der Schere der unerbittlichen Parze abgeschnitten. Vielleicht verwebe ich sie weiter in künftigen Liedern . . .»

Zunächst erschien die lyrische Reportage in einer Zeitschrift; Herausgeber und Zensor hatten sie allerdings arg zerzaust. Ein Berliner Verleger fand Heines Honorarforderung zu hoch. Da wandte sich der Autor an Julius Campe in Hamburg.

Das waren noch Zeiten! Heine betrat den Campeschen Buchladen, als der Besitzer gerade Kunden bediente. Sie redeten über alte Bücher und neue Manuskripte und wurden sich einig, Campe zahlte für «Die Harzreise» und 77 Gedichte dreißig Louisdor. Im Mai 1826 erschien das Buch und fand reißenden Absatz; in Göttingen wurde es sofort verboten. Der kecke Ton, die Hiebe nach allen Seiten, die Anspielungen erquickten ein Publikum, das durch politische Starre und staubansetzende Klassik ermüdet war. So steht «Die Harzreise» am Beginn einer literarischen Epoche.

Nun bin ich ja auch Campe-Autor und wollte Reiseberichte hintragen, auf daß ein Buch daraus werde. Mein Campe-Kumpel H.H. redete mit dem Chef über die Ladentafel hinweg, so einfach ist's heute nicht mehr. Da gibt es mehrere Chefs und Halbchefs, einer muß den anderen konsultieren, Konferenzen sind nötig, Kalkulationen, Berechnungen. Durch Vorzimmer mußte ich – und wen traf ich dahinter? Es war der Kollege Computer persönlich.

Heines «Harzreise» wurde zu einem sensationellen Erfolg. Der Autor dankte ihn Campen, indem er ihm die Treue hielt, und fürs Salär kaufte er sich einen pelzgefütterten Schlafrock. Der Verleger rühmte sich selber: «Ich bin ein persischer Schah, der Ehrenpelze verteilt!»

Auch heute, daran hat sich nichts geändert, möcht's ein Autor seelisch und pekuniär warm haben bei seinem Verleger.

Wälder, weit wie das Meer

«In den folgenden Blättern werden die Namen Lenni-Lenape, Lenope, Delawaren, Wapanachki und Mohikaner von einem und demselben Volk oder von den Stämmen desselben Volkes gebraucht. Die Mengwe, die Maquas, die Mingos und die Irokesen, obgleich nicht durchaus identisch, werden von den Sprechern häufig identifiziert, da sie politisch miteinander verbunden und Feinde der vorgenannten Völkerschaften waren.»

So heißt es in der Bemerkung, die James Fenimore Cooper seinem berühmtesten Roman voranstellte; hundert Jahre lang lasen ihn Jungen in aller Welt mit heißen Ohren: «Der letzte Mohikaner». Aus den Maquas gingen nach Spaltungen und Vereinigungen die heutigen Mohawks hervor, von den Mohikanern unterschieden sie sich in Sprache, Kleidung, Hausform, Stamm und Siedlungsgebiet, und manchmal waren sie Gegner. Allenfalls eine Handvoll Nachkommen der Mohikaner lebt noch in Connecticut. Ihr Name bleibt durch Cooper bewahrt, solange Menschen Bücher lesen. Und die Überlebenden, die Mohawks?

Eigentlich wollte Margaret Jakobs, die Bibliothekarin der Reservation, gar nicht mit mir reden. From Germany? Wer weiß, wohinein sie gezogen werden könnte, da hätten doch kürzlich dubiose Leute aus Köln im Streit der Mohawks kräftig Partei ergriffen, ein Scheck mit hoher Summe sei den Traditionalisten übergeben worden – nein, mit einem Deutschen rede sie besser nicht. Schließlich zeigte sie doch ihr Reich: Bücher für den Schulgebrauch stehen in den Regalen, Jugend- und Erziehungsschriften, Sachbücher, wenig Belletristik, keine Schallplatten, dafür Kassetten. Broschüren erläutern: Wie kommt man aufs College? Welche Möglichkeiten bietet die Aluminiumindustrie? Am Ende frage ich: Sind sich die heutigen Mohawks bewußt, daß die Indianer dieses Landstrichs durch *Literatur* berühmt sind, daß weit weniger Menschen der Welt von ihnen wüßten, hätte nicht James Fenimore Cooper über sie geschrieben? Lieben sie seine Bücher, sind sie in dieser Bibliothek vorhanden? Dienen sie vielleicht dazu, das Selbstverständnis, den Stolz der heutigen Indianer zu erhöhen? Arrowhead, der Häuptling aus «Pfadfinder», war er nicht ein Kerl, wäre er nicht eine Heldenfigur? Während ich in diesem Sinne weitschweife, verschließt sich das Gesicht der Bibliothekarin immer mehr. Endlich gibt sie auf alle Fragen die einen Schriftsteller zermalmende bündige Sammelantwort: No.

Seit ein paar Jahren gärt es beiderseits der Grenze zwischen den USA und Kanada unter den Mohawks. Die einen wollen, daß alles bleibt, wie es ist und natürlich ein bißchen besser wird, die anderen haben das Prozeßbeil ausgegraben und den Staat New York verklagt: Immense Quadratmeilen südlich des Ontariosees und des St. Lawrence-Stroms sollten gefälligst in der alten Form zurückgegeben werden, Staudämme, Kraftwerke und Aluminiumhütten hätten zu verschwinden, wenn nicht, wäre ungeheure Entschädigung fällig. Die da streiten, berufen sich auf verstaubte Verträge, sie nennen sich Akwesasne nach einem taubengroßen, bräunlichen Waldvogel, der Körner pickt und mit den Flügeln klatschend gegen die Äste schlägt, einer Schnepfe. Eine Frau sagt, sie hätte zwei Söhne, jeder gehöre zu einer anderen Front, sie vertrügen sich gemeinhin brüderlich, hätten aber erklärt, wenn es hart auf hart gehen sollte, würden sie um der jeweils guten Sache willen aufeinander schießen. Schon einmal waren Friedfertige in die nahe Stadt Massena geflüchtet, Nationalgarde war aufgeboten worden. Aber es ging noch mal glimpflich ab.

2500 Mohawks leben auf der US-amerikanischen, 3500 auf der kanadischen Seite innerhalb der Reservation, die Staatsgrenze ist dort nicht zu erkennen. Bis zum Zweiten Weltkrieg haben die Mohawks von Milchwirtschaft gelebt, danach zogen viele Männer fort, denn es stellte sich heraus: Mohawks sind schwindelfrei, sie können in großen Höhen arbeiten wie andere auf plattem Boden, und so wurden sie begehrte Spezialisten im Stahlbau, nieteten und schweißten Brücken, Masten und Wolkenkratzer, dabei verdienten sie so viel, daß es niemand mehr nötig hatte, Kühe zu melken. In modern eingerichteten Häusern mit Fernsehantennen auf dem Dach warten nun die Frauen auf ihre Söhne und Männer. Die Jungen fischen ein bißchen. Es gibt kaum Haustiere außer streunenden Hunden, kaum Gemüsebau, wenig Blumen. Träg fließt der Fluß.

Vor Jahren habe ich Coopers «Lederstrumpferzählungen», die eigentlich fünf dickleibige Romane sind, für den heutigen Leser bearbeitet; den mehr als hundert deutschsprachigen Fassungen fügte ich eine weitere hinzu. Dabei lernte ich J. F. Cooper, geboren 1789, gestorben 1851, als einen Schriftsteller schätzen, der aus einem Einfall den nächsten entwickelte und nichts umkommen ließ. Er lebte viele Jahre in Cooperstown in der Mitte des Staates New York, der Stadt, die sein Vater in der Wildnis gegründet hatte und die dessen Namen bekam. Seinen Haus-See, den Otsego, verwendete er zunächst im «Ansiedler»-Roman, Fische werden aus ihm in verschwenderischer Weise gezogen, an seinem Ufer gewinnt beim Wettschießen der alte Lederstrumpf einen Truthahn. Jahre später nutzte Cooper den Otsego noch einmal als «Glimmerglas», auf dem und an dessen Ufern er den von romantischen Unwahrscheinlichkeiten und moralischen Wundern, von Naturschwelgerei und Tragik überquellenden «Wildtöter» seinen atemberaubenden Lauf nehmen ließ. «Die Ansiedler», das Hohelied auf zupackende zivilisatorische Leistung, gewähren Lederstrumpf alias Wildtöter alias Pfadfinder alias Langer Karabiner alias Falkenauge alias Natty Bumppo und dessen rotem Bruder Chingachgook nur Platz als alten Männern am Rande. Chingachgook gar kommt in den Flammen um, ehe er literarisch richtig gelebt hat. Cooper fühlte Gold in den Schichten des Papierberges, den er getürmt hatte: Im «Wildtöter», dem zuletzt geschriebenen, nun aber ersten Band des Zyklus, ließ er die beiden als junge Kämpfer auferstehen. Im «Pfadfinder» schickte er seine Haupthelden auf die Kriegspfade, die immer dann durch nordamerikanische Wälder getrampelt wurden, wenn sich England und Frankreich in Europa in die Haare gerieten. So schuf Cooper ein klassisches Freundespaar: Der weiße und der rote Mann Schulter an Schulter. Karl May brauchte später, als er uns Old Shatterhand und Winnetou bescherte, nur noch zuzugreifen. Und als sich Cooper mit Chingachgook richtig auskannte, gebar er ihm einen Sohn, Unkas, den letzten Mohikaner, der sich für die lieblichen Schwestern Kora und Alice bis zum letzten Blutstropfen einsetzt.

Am Glimmerglas hatte sich Wildtöter mit Chingachgook verabredet – man erinnert sich? Wildtöter war als erster da, stützte sich auf seine lange Büchse und war gefangen von so viel Naturschönheit. Ein Vierteljahrtausend später, auf meinen längst nicht so langen Kugelschreiber gestützt, stehe ich an gleicher Stelle. Dort ist der Stein, an dem seit uralten Zeiten die Häuptlinge berieten, dort beginnt der Susquechanna, in den hinein der alte Hutter seine Arche gleiten ließ, um sie vor den Mingos zu verbergen. Der Wald steht bunt und schweiget, über den See gleiten Segel und flitzen Motorboote, nicht zu viele. Das Schiffchen für die Rundfahrt heißt «Natty Bumppo», natürlich. Ans Ufer hat ein Millionär einen ans europäische Mittelalter gemahnenden dummen Turm gesetzt, außer ihm stört nichts. Aus dem Sumpf wusselt eine Biberfamilie auf einen Golfplatz hinaus und nascht vom Grün, kehrt bei einem Geräusch indigniert um und steckt eine Minute später wieder neugierig die Nase aus dem Gebüsch. Im Abendlicht quert ein alter grauer Fuchs die Straße, stolz und wenig bekümmert trabt er einen Hang hinauf; es scheint, er sei überzeugt, er werde es noch zum Wolf bringen. Die Häuschen an den Ufern tragen einschlägige Namen: Judith, Hetty, Hutter. In dieser Bucht da, so könnte ich es mir deuten, hat sich Cooper das berühmte Lagerfeuer vorgestellt, an dem Gespaltene Eiche saß, um diese Landzunge glitt Natty im Kanu. Die Ruder meines Blechkahns quietschen, während ich in der Dämmerung den See quere; als ich sie ruhen lasse, ist die Stille vollkommen. Dort drüben liegt jetzt ein Lagerplatz neuer Art, Bänke und Tische sind über geschorenen Rasen gesprenkelt, auf daß der Besucher, so er Eintritt gezahlt hat, seine Sandwiches und Hamburger bequem verspeisen möge. Neben jedem Tisch steht ein Eisenrost. Damals saßen die Indianer gemeinsam am Stammesfeuer, heute grillt jeder für sich.

In Cooperstown wird das Andenken des Dichters hochgehalten. Ein Museum zeigt das obligatorische Schreibzeug, Büsten, Porträts und Gemälde nach Motiven aus den «Lederstrumpferzählungen» und dem «Spion». Das Andenken kippt aus der Erfindung in die Realität, als im Wald ein Schild verkündet, hier sei Chingachgook in Lederstrumpfs Armen verschieden. Eine Höhle erdachte Cooper sich, nun ersehnen ehrfürchtige Leser Wirklichkeit, und so hat jemand ein spärliches Loch in den Hang gekratzt, einen Meter hoch, breit und tief. In der Bibliothek des Museums liegt ein Prachtband mit Vignetten von F. O. C. Darley, New York 1862; der Bibliothekar trägt ihn aus verschlossenem Raum für den heran, der dringlich fragt. Coopers Bronzedenkmal ragt im Herzen der Stadt etwa dort, wo sein Vaterhaus stand; in Dichterpose sinniert er auf steinernem Sockel. Dicht daneben birgt eine weitere Bibliothek nicht Lederstrümpfe sonder Zahl, vielmehr alles, was über das heilige Spiel der US-Amerikaner, über Baseball, je geschrieben worden ist. Denn diese kleine Stadt hat drei große Söhne, der zweite hieß Singer und erfand die Sämaschine, der nun endlich zu Nennende war Abner Doubleday und entwickelte aus altägyptischen und mittelalterlich-englischen Vorbildern 1839 Baseball in seiner heutigen Form. So ist es nur rechtens, daß hier National Baseball Hall of Fame und Museum graniten errichtet worden ist. Von hundert Besuchern der Stadt wallfahrten 98 hierher, der beflissene Rest strebt zur Stätte, die den Dichter ehrt. Das Baseball-Museum hat eine Heldenhalle, in der auf bronzenen Tafeln die Gesichtszüge, Lebensdaten nebst Ball- und Schläger-Taten der Besten vermerkt sind, dort überkommt den Fan Feierlichkeit. In allerlei Sälen sind Photos und Schläger, Handschuhe und Plakate ausgestellt, Babe Ruth umarmt seinen größten Gegner, und dort: Babes Rekord im Home Run wird eingestellt. Gewichtige Augenblicke! verheißen die Schilder. Ein Film über das letzte, einer Weltmeisterschaft gleichkommende Spiel zwischen Los Angeles und New York läuft unermüdlich, natürlich kann man Shirts und Biergläser mit den Namen aller großen Klubs kaufen – und da wird mir bewußt, wie dringend wir Deutschen doch eines Nationalen Fußballtempels bedürfen. Man sollte ihn in Gelsenkirchner Barock in der Nähe des Schalker Markts errichten, fällt mir ein, während Baseball-Geschichte in mich einströmt, er könnte Arbeitsplätze schaffen und das Hotelgewerbe befruchten, er sollte Wimpel und Pokale bergen, alle Tabellen aller Zeiten bis in die Kreisklassen hinunter, Photos und Filme sowie nationale Werte wie die Büste Jupp Derwalls in Marmor, das Lächeln Uwe Seelers in Öl und den Meniskus Franz Beckenbauers in Spiritus.

Ein weiterer Schauplatz literarischen Geschehens, 160 Kilometer nordwestlich von Cooperstown, ist das Fort Ontario an der Mündung des Oswego. Von dort brachen im «Pfadfinder» die bewährten Helden auf einem Kriegssegler auf (Cooper war hier gesegelt und hatte beim Bau solch eines Schiffes mitgezimmert), erlitten Sturmgebraus, auf einer der Tausend Inseln lehnten britische Soldaten friedlich an den Bäumen, aber bei näherem Hinsehen waren sie tot und skalpiert. Heute erschallt in den Sommermonaten im Fort kämpferisches Geschrei wie in schlechten alten Zeiten: Ein

Leutnant und sieben Mann demonstrieren historisch genau militärische Bräuche, da wird geschnauzt und geballert, sogar Kanonen krachen: Studenten aus New York verdienen sich im Sommerjob ein Zubrot. Nichts mehr erinnert an die Zeit des «Pfadfinder», den Siebenjährigen Krieg also. Das Fort, immer wieder umgebaut und bis 1946 wechselnd als Lazarett, Kaserne, Kriegs-Trainingsplatz und Flüchtlingslager verwendet, wurde danach etwa auf den Stand von 1865 gebracht und ist jetzt Museum. Höhepunkt der Darbietung ist, wenn sonntagnachmittags Mitglieder einer historischen Vereinigung in penibel nachgeschneiderten Uniformen aufmarschieren, da wird getrommelt und gepfiffen, daß es über den Fluß bis zum Kraftwerk und den Silos schallt: Geschichte für alle Sinne, Eintritt frei. Ach, und die mehr als tausend Tausend Inseln, wo sich der Ontariosee zum St. Lawrence-Strom verengt, sie sind sommers ein Paradies, dort liegen Ferienhäuser und Bootsstege, Yachthäfen, Motels und Campingplätze in langen gewundenen Ketten. Schiffe ziehen auf dem nördlichen Seeweg vorbei, beladen mit Holz, Kohle, Getreide und Schaulustigen. Dort kann man angeln, surfen, segeln und nichts tun. Im Winter, der früh von Kanada einfällt, friert alles zu. Du kannst auch eine Insel kaufen. Die ist dann ohne Trinkwasser, ohne Strom, ohne Hütte und ein halbes Jahr lang nichts als ein Haufen Schnee. Was macht man mit solch einer Insel? Aber auch: Eine Insel hat nicht jeder.

Etwa 150 Kilometer nordöstlich der Tausend Inseln, wo Arrowhead kämpfte und starb, bei Massena, liegt die letzte Reservation des Gebiets, das Cooper kannte und in dem seine «Lederstrumpf»-Romane beheimatet sind, sieht man vom letzten Buch ab, das jenseits des

Mississippi spielt und «Die Prärie» heißt. Von den Mohawks ist keiner mehr reinrassig, ihre Sprache spricht durchaus nicht jeder, der hier wohnt. Als Indianer darf in den USA gelten, der es will und einigermaßen von ihnen abstammt. Erst um die letzte Jahrhundertwende wurde der Dialekt der Mohawks als Schriftsprache fixiert: Kwes kwes – das Schwein, tsi tso – der Hund, is ta – die Mutter. Die früheste historische Gestalt ist Kateri Tekakwitha, 1656–1680, das erste Indianermädchen, das zum Christenglauben übergetreten ist. 1943 wurde Kateri von Papst Pius ehrwürdig, 1980 von Johannes Paul II. selig gesprochen. Jetzt beten die Katholiken unter den Mohawks, daß sie eine Heilige werde.

Hogensburg heißt der Hauptort dieser Reservation. Er ist ein bißchen ärmlicher, schmuddeliger als die benachbarten Orte. Vor der Bibliothek wird ein Bus mit Büchern beladen, er wird die Schulen abklappern. Bibliothek und Schulen unterhält der Staat, überhaupt fließen allerhand öffentliche Mittel in die Reservation. Nicht weit von der Schule entfernt steht eine Wellblechhalle, in ihr wird Gambling gespielt, jenes Glücksspiel, das zusammen mit dem Alkohol in der Vergangenheit mehr Indianer ins Verderben brachte als alle Flintenkugeln der Weißen zusammen. Die Wiesen, sagt eine Frau, seien durch die Dünste der Aluminiumwerke so verdorben, daß keine Kühe mehr existieren könnten. Ich schnuppere, mustere Laub und Gras und bin zum Wetten bereit: Wenn das stimmte, müßten alle Kühe zwischen Fehmarn und dem Allgäu augenblicks tot umfallen. Leider, heißt es in einer anderen Familie, leide man unter lästiger Milchsäureallergie, deshalb halte man keine Kühe mehr. Der Mann und zwei Söhne arbeiten in New York. Ob, frage ich die redemuntere Frau, die von Aluminiumabgasen weiß, sie etwas von Cooper kenne? Das sei durchaus möglich, räumt sie flink ein, in ihrer Schulzeit habe sie allerlei gelesen – warum nicht auch von ihm?

Vier Autostunden südlich: Im tiefen Wald nicht weit vom Olympiadorf Lake Placid, wo ein Dutzend Hütten den Namen Onchiota führen, hat ein Halbindianer, Ray Faddon, ein Ein-Mann-Museum aufgebaut, er betreut es als Direktor, Eintrittskassierer, Erläuterer und Haushandwerker. Er ist ein wenig müde, denn die halbe Nacht hindurch hat ein Bär an seine Tür gewummert: Ray füttert regelmäßig die Petze, und da hat doch einer gemeint, er sei zu kurz gekommen, und hat zur Unzeit Nachschlag verlangt. Ein Deutscher? Oh, Karl May habe es gut mit den Indianern gemeint, weiß Ray, und dabei habe er doch nie einen gesehen, ho! Das Holzhaus, das Ray mit einem Freund gezimmert hat, ist vollgestopft mit Photos, Werkzeug, Fellen, Zeitungsausschnitten, mit Kunstgewerbe und Kitsch, im Freigelände hat er Modelle von Indianerdörfern aus Rinde nachgebaut. So legten die Indianer ihre Feuer an, so gaben sie mit Steinen und Ästen Meldung: Gefahr, nach rechts, nach links, schlechtes Wasser, wenig Wild, ich brauche Hilfe. Im Sommer kommen Besucher, im Winter hat Ray mit dem Füttern der Hirsche und Bären zu tun, mit dem Schnee, dem Holzhacken, dem Heizen. «Der Sturm hatte die Bäume, die seit Jahrhunderten auf einem Hügel gewachsen waren, in einer einzigen Stunde gestürzt, ein Wirbel hatte sie gepackt und übereinandergeschleudert, auf dem Gipfel des riesigen Scheiterhaufens streckte eine Buche ihre Wurzeln zum Himmel und bildete eine bizarre Zackenkrone. Von ihr aus bot sich ein freier Blick über ein Meer von

Blättern, das in wechselndem Grün prangte. Rüstern mit zierlichen Zweigen und Ahorn wuchsen hier, dazwischen spreizten Eichen ihre Kronen, Schwarzlinden bildeten mit ihnen einen Laubteppich, der sich bis zum Horizont hinzog und dort mit den Wolken mischte.» So heißt es in meiner Lederstrumpf-Fassung. So sieht der Wald um Rays Haus aus.

Dramatisches vermittelt Fort Ticonderoga, der Schlüsselpunkt all dieser Kämpfe, «key to a continent». Innerhalb von zwanzig Jahren sechsmal umkämpft, dreimal gehalten, dreimal erobert: Weltrekord eines Forts! verheißen Plakate und Handzettel. Sechseckige steinerne Bastionen, gespickt mit Geschützen, umschließen die Offiziershäuser, Magazine und den kleinen Hof, das Fort war der Kern von Schanzen, Baracken und Batterien an der Landenge zwischen Champlain- und George-See. Auf Cooper verweise nichts, geben die Damen Auskunft, die dazu da sind und wallende Gewänder im Stil des 18. Jahrhunderts tragen. Karten, Kugeln, Tomahawks, Gewehre – hinter Glas reicht der lebensgroße Wachs-Feldscher dem blessierten Wachs-Musketier die lindernde Rumflasche.

Diese Landschaft: Der Nationalpark der Adirondaks ist ein durch wenige Straßen, Dörfer und Kurorte unterbrochenes Waldgebiet, das Seen und Bäche, Felspartien und Flußläufe einschließt. Der Wald wird behutsam bewirtschaftet, Bodenschätze dürfen nur in Ausnahmefällen abgebaut werden. Im Herbst, wenn der erste Frost ins Laub beißt, entfaltet der Wald seine vielbesungene machtvolle Schönheit, dann flammen die Hänge im strahlenden Gold, im glühenden Purpur, bis die Stürme alle Zweige kahlfegen. Solange Menschen leben, wird dieses Naturwunder den Namen Indianersommer tragen. Es bedarf keiner sonderlichen Phantasie, sich an diesen Stromschnellen, auf diesen Felsen einen Indianer wie aus dem Cooper-Buche vorzustellen. Im Staatsmuseum von Albany richtet von einem Stein (aus Kunststoff ist dort freilich alle Herrlichkeit) eine Indianergestalt ihren Speer genau auf dich.

Von der Südostgrenze des Nationalparks an den Lake George hinunter sind die Ferienhäuser und Motels, die Yachthäfen, Straßen und Bootsstege gediegen wie am Chiemsee oder in der Schweiz. Hier ist Unkas-Land: Der letzte Mohikaner führte die Schwestern Kora und Alice durch die Wälder, die voller böser Mingos steckten; so erzählte es Cooper. Zum erstenmal in der Literatur ließ er eine Liebe zwischen einer Weißen und einem Indianer keimen und brach damit ein Tabu. Das Fort William Henry ist aus Holz nachgebaut, auch in ihm ballern zur Sommerszeit kostümierte Soldatenspieler. Im Kino drunten in einer Kasematte läuft der Filmklassiker von 1936 «The Last of the Mohicans» mit Randolph Scott als Falkenauge, mit Bruce Cabot, einem frühen Yul Brunner, als Le Renard. In der Pulverkammer nahebei grummelt vom Tonband zartes, unaufdringliches Schlachtgeräusch. Ums Fort herum ist des Volkes wahrer Himmel: Rummelplatz mit Riesenrad und Hotdog-Ständen und Buden, in denen feilgeboten wird, was eine ungezügelte Andenkenindustrie in grauslicher Fülle auf den von Geschmack unbeleckten Markt schleudert. Keine Frage: Der US-amerikanische Kitsch ist der kitschigste der Welt. Man kann auf kurvenreicher Straße den nächsten Berg befahren und auf den See schauen, weißgesprenkelt ist er von Segeln. Tutend ziehen die Passagierschiffchen «Minne-ha-ha» und «Mohican» an Landzungen und Inseln entlang, Snack-Bar und Cocktail Lounge an Bord. Wer Traute hat, kann sich an buntem Fallschirm von einem Motorboot hoch über den See hieven lassen. Den Lake George hat 1869 John F. Kensett gemalt, ein wenig nach Coopers Lebenszeit war das, aber lange vor dem Beginn der industriellen Erholung. Man kann im Metropolitan Museum of Art in New York nachprüfen: Ein bißchen struppiger war der Wald zu Kensetts Zeiten doch. Ein anderer Maler, Milton Avery, von dem man sagt, er habe die Farbe in die US-amerikanische Malerei gebracht, reduzierte Berge, Küsten und Wälder auf karge Umrisse, stürmisch-lila ist sein See, in starker giftgrüner Linie buckelt sich dahinter das Ufer auf. Im Whitney Museum of American Art stehe ich vor seinen Gemälden und kann mir nicht helfen: Als Avery dort oben war, muß anderes Licht anders eingefallen sein, oder er war zu anderer Jahreszeit dort oder wir haben anders begreifende Augen.

An einem weiteren Schauplatz Cooperschen Kampfgetümmels hat die Zivilisation die Romantik auf ganzer Front überholt. «In der Mitte der Insel», lese ich nach, «hatten ein paar verkrüppelte Fichten ihre Wurzeln geschlagen, dorthin sprangen Natty und Heyward, schoben sich Auflagen für ihre Gewehre zurecht und starrten zum Ufer hinüber. Nach dem Feuerüberfall geschah längere Zeit nichts. Die Sonne stieg auf, ihre Strahlen glitzerten auf dem Wasser, das sich an einem Felsen oberhalb der Inselmitte brach und zu beiden Seiten hinunterstürzte. Natty überlegte, was er täte, wenn er an der Stelle der Mingos wäre, und mutmaßte, er werde versuchen, auf diesen Felsen zu gelangen. Er wollte seine Überlegungen gerade mit Major Heyward besprechen, als sich dort oben vier Köpfe über einigen Stämmen Treibholz zeigten.»

Heute liegen die Glen-Fälle inmitten einer Industriestadt, die Glens Falls heißt: auf die Insel, auf der sich Cooper diese Szene mit dem nachfolgenden Gemetzel vorstellte, stützt sich eine vielbefahrene Brücke. Das Wasser ist gebändigt, in der Mitte aufgestaut, rechts und links fließt es hinter Kanalmauern ab, treibt Turbinen und dient einem Kraftwerk zur Kühlung. Die Höhlen, in denen sich nach Coopers Vorstellung die Reisenden verbargen, liegen halb zugemauert unter den Kellern einer Papierfabrik. Fenimore heißt ein Dörfchen in der Nähe von Glens Falls, dorther stammte Coopers Mutter; ihren Familiennamen Fenimore fügte er in seinen Autorennamen ein. Cooper kam vermutlich auf Verwandtenbesuch an den Strudeln vorbei und nutzte später seine Eindrücke für die Literatur. Ein heutiger Schriftsteller dürfte es hier und an den ähnlich gezähmten, ein Stück flußabwärts liegenden Hudson-Fällen schwer haben, sich anregen zu lassen. Und doch: Wer in der Sächsischen Schweiz war, kennt die mitleidigen Gefühle, die einen überkommen, wenn man einen spärlichen Schnupfenfaden von Wasserfall sieht, der vor einer Höhle über moosigen Sandstein tröpfelt. Dennoch, so erfährt der Wanderer, habe sich Karl Maria v. Weber dort zur Wolfsschluchtszene des «Freischütz» inspirieren lassen. In Sachsen konnte man sich's noch nie leisten, Reste geringzuachten.

Wo findet man sie nun in New York, die Nachfahren tapferer Jäger und Krieger, die heute so geschätzten Stahlbauer? An einer der westlichen Rampen der Queensboro-Brücke helfen zwei, einen neuen Pfeiler hochzuziehen. Dort ist Industriegelände, alt, schmutzig. Dort martert Höllenlärm: U-Bahn-Züge, die Menschenfrachten von den östlichen Stadtteilen nach Manhattan und zurück schleppen, begegnen sich in zweietagiger Kurve, quietschen und rasseln und scheppern, daß keine Menschen- und Teufelsstimme dagegen ankommt. Wild und wüst beschmiert sind die Waggons wie einst die Körper und Gesichter der Indianer, wenn sie in den Kampf zogen. Hier herrscht der Krieg des Lärms gegen das menschliche Ohr, die Rebellion mit der Sprayflasche. Von der Aussicht des Rockefeller-Center in der Mitte von Manhattan kann man auf einen Neubau hinabschauen, dort montieren Mohawks im vierzigsten Stock. Unten in den Schluchten kreischen tausend Autos. Ein Stahlträger wird heraufgezogen, da kann keiner zur Seite oder nach unten blicken, keiner kann träumen, weder von alten noch von neuen Zeiten, die wie die alten werden sollen. Der Träger muß an den richtigen Platz bugsiert werden; die Mohawks tragen Eisenstäbe am Körper, die in die Löcher der Träger gesteckt, mit denen die Träger verbunden werden. Später wird geschweißt. Die Männer sind nicht gesichert, wo auch sollten sie die Gurte einhängen, da über ihnen nur Manitu ist. Sie müssen rasch über die Träger gehen können – jede Sicherung würde ihre Bewegung behindern. Sie müssen schwindelfrei sein und dürfen keinen falschen Schritt machen. Unter diesen Umständen sind dreizehn Dollar pro Stunde nicht einmal viel. Überstunden sind bei der angespannten Arbeitsmarktlage zum Leidwesen der Mohawks nicht möglich. Während ich diese Erfahrungen in der Taverne meines Hotels sieben Straßen weiter notiere, während der Mann am Klavier meinen Jugendzeitschlager «Das hab' ich in New York gesehen» spielt, verspese ich vier kleine Flaschen Heineken-Bier. Mit Trinkgeld kosten sie dreizehn Dollar.

Die indianischen Stahlbauer sind in einem Motel drüben in New Yersey erträglich untergebracht. An jedem Freitag fahren sie heim an die kanadische Grenze, einer hetzt den alten Ford über die Autobahn, vier schlafen, nach zwei Stunden wird abgelöst. Sie kehren zurück in die Stille, die Wärme der Familie und des Stammes. Nach zwei Tagen sind sie wieder unterwegs nach New York. Sie arbeiten dort nicht nur des Geldverdienens wegen, sagen manche, das sei für sie eine Herausforderung, eine selbstgestellte Aufgabe. Das sei wie der Ruck, der durch den Stamm ging, wenn er zur Jagd oder in den Kampf aufbrach. Das sei, wie wenn Chingachgook und Natty Bumppo, friedlich am Feuer eine Rehkeule bratend, in eine dramatische Situation hineingerissen wurden, wenn es verirrte Reisende zu retten galt, wenn das Kriegsbeil über ihnen schwirrte. Diese Mohawks knüpfen an beste alte Tugenden an, sagen manche, und das sei heute wesentlicher, als wenn man aus dem Gedächtnis tüftelt, wie man Körbe flicht. Auch Cooper wollte es so von seinen Helden: Sie mußten durch diese Sache, die unversehens zu ihrer Sache wurde, die den ganzen Mann verlangte und das Leben kosten konnte, mitten durch.

Fuchsien, hoch wie Kirschbäume

Man erinnert sich: Im «Irischen Tagebuch» schrieb Heinrich Böll: «Nun haben die Iren eine merkwürdige Gewohnheit; wenn der Name der Provinz Mayo genannt wird (es sei lobend, tadelnd oder unverbindlich), sobald der Name Mayo fällt, fügen die Iren hinzu: ‹God help us!› Es klingt wie die Antwort in einer Litanei: ‹Herr, erbarme dich unser!›»

Die Provinz Mayo war eine der Hungerkammern im Armenhaus Irland, und Böll war siebenunddreißig. «Der Zug war beängstigend leer geworden. Achtzehn Personen zählte ich, wir allein waren sechs davon, und es schien uns, als führen wir schon eine Ewigkeit durch Torfhalden, Moor, und noch immer nicht war das frische Grün des Salats zu sehen, nicht das dunklere der Erbse oder das bittere der Kartoffel. Mayo, flüsterten wir leise. God help us!»

Das war Mitte der fünfziger Jahre, da legte Gott einen weiteren Schöpfungsnachmittag ein und schickte den Massentourismus hinab auf seine alte Erde, und auch Mayo bekam eine Handvoll ab. Mayo wurde zum Wochenendausflugsziel der Dubliner, es galt bald eine Ferienreise wert für Lufthungrige aus London, Liverpool und Birmingham. Iren, deren Vorfahren nach den USA oder Australien ausgetrieben worden waren, stillten Sehnsucht nach den Wurzeln, denn arm ist dran, wer nicht weiß, woher seine Urväter stammen und von wem er seine roten Haare hat. Gott half Mayo, und Mayo half sich, und so entstanden an der Straße, auf der Böll mit zwei Frauen und drei Kindern im Bus fuhr, Hotels und Bars und Pubs und Imbißstuben, Ferienhäuser wurden schlüsselfertig offeriert, die Bauern an den Straßen und Stränden beratschlagten lange mit ihren Frauen, dann bauten auch sie und stellten «B. and B.»-Schilder an den Zaun: Hier kann man ein Bett und ein reichliches Frühstück haben für vergleichsweise geringes Geld.

Mayo erlebte sein Bauwunder, es ist nicht übertrieben: Neunzig Prozent aller Häuser außerhalb der Städte entstanden, nachdem die Bölls wieder fort waren. Man kann fischen in Mayo und sich Angelzeug kaufen oder borgen, kann Golf spielen, Ponys leihen oder gar einen täuschend ähnlich kopierten Zigeunerwagen mit einem lebendigen Pferd plus Hafersack und damit über die Straßen zockeln. Die meisten Touristen freilich kommen dieser Tage mit dem Auto, schauen, fahren weiter, steigen aus, photographieren die Klippen, den Berg des St. Patrick, der so oft eine Wolkenhaube trägt, die Sonnenuntergänge, die Inseln drüben über der Bucht, die Schafe, die Esel und die bis auf die Erde herunter brennenden Regenbogen.

Durch Achill Sound rollte vor dreißig Jahren der Bus, ein paar Fischerhütten waren das, zwei alte Läden, zwei Pubs. Heute stehen hier ein Hotel, «McHugh's Bar and Restaurant with Music, Sing-Song and Dancing», mancherlei noch und «Alice Harbour Inn», das ist nicht viel anders als manches auf Schnelligkeit der Abfertigung eingerichtete Lokal in einem bundesdeutschen Ferienort zwischen Büsum und Lindau. Tische und Stühle eichen auf diese Art, daß zu befürchten ist, man habe das Holz auf schnelle, schlaue Weise weich gemacht – gibt's nicht Weichmacher für fast alles einschließlich Weine und Chefredakteure und Parlamentarier? – und dann wunschgepreßt und schnellgehärtet. An der Wand hier wie daheim Glasmöwen, eloxierte Blechsegelschiffe und diese Lampen, von denen industrielle Formgeber hoffen, sie würden Binnenländler glauben machen, so sähen Schiffslaternen aus. Speisen sind vorgefertigt, Sandwiches natürlich und gefrostete Pasteten mit Fleisch darinnen, die flugs in einem elektrischen Grill erhitzt werden und nicht schlecht schmecken. Bier fließt, Guinness steht in der Gunst obenan. Ein Lochbillard. Zwei Spielmaschinen dieser nervenfressenden Art; auf der Glitzerscheibe des einen darf man ein zuckendes Püppchen von rasenden Autos nicht plattwalzen lassen, auf der anderen verwandelt sich der Spieler und Zahler in ein Karatemännchen und teilt Fußtritte und Handkantenschläge gegen ein Dutzend andere, offenbar böse Männlein aus. Herrscht hier Davidsmoral oder keine? Im Kamin glimmen Spiralen hinter Kunststoff, der torfziegelähnlich geformt ist, im Schwarzwald wär's der Buchenkloben, der die Elektro-Designer für ihr Nachmachwerk angeregt hätte. Sonntagmittag ist's, auch eine fein herausgeputzte Familie schwatzt, trinkt, ißt ein wenig, von der Messe kommt sie, gönnt sich einen vergnüglichen Aufenthalt. Dann fahren in einem großen Auto Großmutter, Mutter, Vater und fünf Kinder fröhlich davon. Drinnen dreschen weiterhin acht Männer Karten, Geldhäufchen stapeln sich und schwinden. Ich wage nicht, über Schultern zu schauen, um das System zu ergründen: Wo Karten blickgeschützt an die Brust gedrückt werden, sind Kiebitze nicht gefragt. Bier fließt bis zur polizeilich festgesetzten Sperrminute: Lager, Smithwick's, Guinness.

Ein Dezennium lang freute sich das Fremdengewerbe in Mayo über Zuwachsraten von jährlich mehr als zehn Prozent, das ist die Marke, die Banker frohlocken läßt. So ließ sich auch James beraten, der kluge Viehfarmer, und redete ausgiebig mit Ann, seiner tatkräftigen Frau. Jetzt steht da ein weißschimmerndes zweistöckiges Haus mit sechs Doppelzimmern, Duschbad, Wannenbad, Klo, Speise- und Aufenthaltsraum. Die beiden begannen mit «B. and B.», seit einem Jahr sind sie in die nächste Stufe gehoben, werden als «Farmhouse» geführt und dürfen auch eine Abendmahlzeit reichen. Keinen Alkohol allerdings, streng sind die Bräuche. Welchen Sprung haben die beiden in wenigen Jahren gemacht! Sie lernten mit Krediten und Gästen umzugehen, lernten das Zimmer richten, servieren, kassieren, Freundlichkeit auch dann bewahren, wenn ein Gast endlich nachts um zwölf eintrudelt und Tee verlangt. Kochen – nun ja, Anns Salzmenge am Menü war genau richtig, aber warum in den Bohnen konzentriert und nicht ein Prislein am Fleisch? Ein paar Gewürze sollte man Ann fürsorglich nennen. Der Agent, der den Prospekt für die Farmhaus-Kette verschickt, verspricht trauliche Abende am Torffeuer – aber auch hier glimmt die leichter zu bedienende Spirale.

Zu allem sieben Kinder.

Man erinnert sich: Über Siobhan schrieb Böll, die am Klappenschrank bei der Post saß mit Augen wie Vivien Leigh. «Wie es auch sein wird, sie kann hierbleiben, und das ist eine unglaubliche Chance: Von ihren acht Geschwistern werden nur zwei hierbleiben können; einer kann die kleine Pension übernehmen, und ein zweiter kann dort, wenn er nicht heiratet, mithelfen, zwei Familien ernährt die Pension nicht. Die anderen werden auswandern oder irgendwo im Lande Arbeit suchen müssen; aber wo und wieviel werden sie verdienen?» Das änderte sich, der Bauboom – der vorbei ist – band kräftige Burschen, das Hotelgewerbe sog flinke Mädchen auf. Soibhan, so nehme ich an, das Mädchen mit den Filmdiva-Augen, heiratete den Jungen, der mit ihr am Klappenschrank wortkarg flirtete, sie bekamen sechs bis neun Kinder, von denen fünf bis sieben in Mayo Arbeit finden werden, wenn's nicht zurückgeht mit dem Fremdenverkehr. Denn nun gibt es keine Zuwachsraten mehr, in einem besonders nassen Sommer – kurz ist jeder Sommer ohnehin – bleiben manche Zimmer leer, die Krise wirft lange Schatten über Mayo. Wer auswandern will, muß weite Wege gehen, England selbst ist verstopft. Das Problem der Übervölkerung verlor von seinem Schrecken, aber es starb nie, und nun hebt es wieder den Kopf. Die Arbeitslosigkeit in Irland liegt seit Jahren bei ungefähr fünfzehn Prozent, in Mayo niedriger, in abgelegenen Landstrichen ohne Fremdenverkehr höher. Es ist ein trauriges Bild: In einem Zwanzighäusernest, einer umbauten Straßenkreuzung eigentlich, wird am Wochenbeginn das Arbeitslosengeld in der Poststelle ausgezahlt. Stumm reichen Männer ihre Bescheinigungen über die Theke, stumm blättert die Postfrau die Scheine hin. Draußen stehen die Männer dann in Grüppchen, furchig die Gesichter, elend die Anzüge, die Schuhe. Was gibt es schon zu reden. In einer Stunde wird im Pub gleich nebenan Bier ausgeschenkt werden, ein Glas wird man sich wohl genehmigen dürfen. Oder zwei. Oder einen Whiskey dazu. Für manchen streckt sich zwei Stunden später der Weg heim in den Weiler für die schlenkrigen Knie und die starren Augen doppelt so weit wie sonst.

Und nächste Woche wieder, und alles ohne Hoffnung. Arbeitslos seit dreißig Jahren, das gibt es.

Immer noch werden in Irland viele Kinder geboren; das Bild des Papstes hängt überall, und seine Worte gelten. Eine irische Mutter zahlt für jedes Kind mit zwei bis drei Jahren des eigenen Lebens, sie opfert mit ihren Zähnen, ihrer Haut, dem Glanz ihrer Haare. Eine Irin, die zwischen einem halben und einem Dutzend Kindern das Leben geschenkt hat, wirkt mit 35 wie eine Einzelkindmutter bei uns mit 50; das ist nicht anders als zu den Zeiten unserer Großmütter.

«Fünf Minuten blieb die Landstraße leer, wenn das Auto gerade einen größeren Ort passiert hatte, und wieder sammelten sich die Tropfen: irische Schulkinder, sich schubsend, sich jagend; abenteuerlich gekleidet oft: bunt und zusammengestückelt, aber sie alle waren, wenn sie nicht heiter waren, mindestens gelassen; so traben sie oft meilenweit durch den Regen ...» Heute fahren sie mit dem Schulbus. Irland steht, was das Einkommen anlangt, in der europäischen Kette weit hinten, seinen Kindern aber sieht das keiner an. Über die Straßen schrieb Heinrich Böll: «Ich empfand es als Blasphemie, als jemand in Deutschland mir einmal sagte: Die Straße gehört dem Motor. In Irland war ich oft versucht zu sagen: Die Straße gehört der Kuh; tatsächlich werden die Kühe so frei zur Weide wie die Kinder zur Schule geschickt; herdenweise nehmen sie die Straße ein, drehen sich hochmütig nach dem hupenden Auto um, und der Autofahrer hat hier Gelegenheit, Gelassenheit zu üben und seine Geschicklichkeit zu erproben ...» Ein paar Zeilen später: «... jedenfalls gehört die Straße nicht dem Motor.»

Doch, sie gehört. Alle Städte sind, da kaum Umgehungsstraßen gebaut wurden, zu beinahe jeder Tageszeit heillos verstopft mit Autos jeglicher Art und oft stattlichen Alters. Dazwischen Fußgänger, Mütter mit vier, sechs Kindern. Parkendes Blech überall. Die Beschilderung ist vielleicht gar nicht so schlecht, aber jedesmal versperren zwei Busse oder ein dreistöckiges Wohnmobil den Hinweis, nach dem der Ortsunkundige schwitzend späht. Zernarbt sind die Autos vom Geschiebe und Gepresse wie langdienende Kriegselefanten, Lampenglas splittert, Lack kreischt – nicht so schlimm. Dublin ist die Hölle, gefolgt von Galway. Tausend US-Amerikaner in japanischen Leihwagen in Limerick – kein Verkehrspolizist weit und breit, irgendwann wird's sich lösen, spätestens im Herbst, wenn die Touristen fort sind. Nicht so schlimm. «Wem die Straße gehört, ist in Irland noch lange nicht entschieden.» Doch, es ist. Weit draußen zwischen den Weilern herrscht gelegentlich einmal ein Kuhtrupp, der von einer Weide zur anderen schlendert, naschend am Wegesrand. Der Junge, der mitbummelt, denkt gar nicht daran, den Stecken zu heben, bloß weil ein Auto nicht weiterkann. Aufregung schadet der Milch. «Als Gott die Zeit gemacht hat, hat er viel davon gemacht.» Was sind schon fünf Minuten. Überall sonst hat das Auto gesiegt.

Und dann die Esel, diese Melancholiker, die aussehen, als wären sie bei allem dabeigewesen seit der Erschaffung der Welt. Herr Jesus ritt auf einem Esel, ein Esel wird's dem anderen weitergesagt haben bis heute. Hier und da karren sie Torf aus dem Moor vors Haus, hier und da die Milchkanne zur Sammelstelle. Neun Bauern preschen mit dem Auto hin, der zehnte zockelt mit dem Esel. So hat der Großvater noch seine Beschäftigung und kann beim Warten auf den mächtigen blinkenden Milchtransporter am Schwatz teilhaben. Für den Rest des Tages begnügt sich der Esel mit etwas Weide. Die anderen Bauer blechen fürs Benzin, vielleicht werden auch sie nach der nächsten Ölpreisexplosion wieder auf den Esel kommen. Manchmal schreien sich die Grauen über die Hügel hinweg ihren Gruß zu wie Hähne im Morgendämmern. Sie klagen sich ein Leid, welches, ist schwer zu entziffern. Ein wurzliger alter Mann trug Torf in steiler Kiepe – Photomodell, Hochformat. Allradgetriebene Vielzweckfahrzeuge mit senkrecht gestellten Mähbalken brummen die Straßen entlang und scheren den Heckensaum. Die Fuchsiensträucher in ihm blühen und blühen, hoch wie Kirschbäume, dazwischen Rhododendron, Esche, Erle, Rotdorn und die alles umgreifenden Krakenarme der Brombeere. Eine neue Grünschattierung ist seit etwa fünfzehn Jahren im Vormarsch, die der Fichten und Kiefern, denn es wird von Staats wegen aufgeforstet, hier ein Fleck, dort ein Streifen den Hang hoch, nördlich von Mayo eine weite Talfläche, kilometerlang und -breit. Noch sind es Tupfer. In diesen Wäldern wachsen im Herbst die Pilze wie verrückt.

Als besessene Kinogänger schilderte Heinrich Böll die Iren – das Fernsehen ließ auch dort die Kinos sterben. Ganz Irland schwelgte kürzlich vor der Röhre, als James Last – eine Großmutter war Irin, hab' ich das richtig verstanden? – bei einem gewaltigen Spektakel aufspielte, einem Folklorefestival aller Grafschaften. Jeweils einer der Musikusse streifte sich ein Trikot in den Grafschaftsfarben über – frenetischer Beifall! – dann erklangen die örtlichen Weisen, und das Publikum sang mit, wiegte sich mit erhobenen Händen. Wettstreit der besten Torfstecher! An die zehn Kriterien beachtete die Jury, von der Geschwindigkeit des Zweierteams über die Gleichmäßigkeit der Ziegel und die Sauberkeit der Wand hinterher bis zu deren Muster. Wer ist Irlands flinkster Windelaufhänger? Da hatten die Frauen aber mal was zu lachen! Dabei flattern wenig Windeln von Irlands Leinen, dafür liegen mächtige Pamperspackungen in so manchem Auto, das sich vom Einkauf heimwärts trollt. Wie lange die Last-Mannen wohl geübt hatten mit ungewohnten Instrumenten und einem ihnen fremden Sound? Sogar die Dudelsäckler kamen aus den Last-Reihen. Ein Glücksabend für meine freundlichen Gastgeber, an dem ich für sie keine sonderliche Rolle spielte; Last not Loest. Ganz Irland hatte Rührungstränen in den Augen und blieb auf bis spät in die Nacht.

Mancherlei Sehenswürdigkeiten sind touristisch erschlossen mit Parkplätzen, Klo, Giftshopbude, in ihnen Ansichtskarten, schöne warme Strickjacken, Schaffelle, Tinnef und Tand. An den Klippen von Moher drängen sich die Busse, aber fünf Kilometer abseits donnern die Atlantikwellen ungeknipst ebenso wild an, kreischen ungehört die Möwen. Zu einer Absonderlichkeit ersten Ranges führt noch immer nur ein Bauernweg mit Kuhfladen drauf zwischen Hecken, zur Clapper-Brücke. Ein gemauerter Steg mit einem Seitenmäuerchen ist das inmitten flacher Wiesen über einen gewöhnlichen Bach, ein paar Bretter hätten's auch getan. Der Sinn ist nicht deutlich, das Alter unbestimmt, die Archäologen zeigen sich ratlos. Es ist, als ob etwas größere Zwerge das Brückenbauen geübt hätten. Däneken, help us! Und wer hat den Steinkreis von Staine geschichtet am Ring von Kerry? Das geschah in vorchristlicher Zeit, Kelten schufen sich eine Fluchtburg, dieser Ring aus sauber aufeinandergelegten Steinen ist wirklich ein Ring mit überall gleichem Steigungswinkel, mit symmetrischen Doppeltreppen für die Verteidiger im Inneren. Zwei-, dreihundert Menschen fanden hier Platz mit etwas Vieh; durch eine Bergschlucht hindurch schauten sie bis aufs Meer. Kein Bus schafft es dort hinauf, Personenwagen haben Mühe zu wenden. Still ist es, Schafe halten das Gras kurz, und die Berge stehen im Dreiviertelkreis nicht anders als damals in keltischer Zeit.

Ruinen, Ruinen. Die Reiseführer verweisen auf Kirchen, Burgen, Schlösser, meist erwähnen sie gar nicht, daß sie verlassen, ausgebrannt sind seit Jahrhunderten. Ein Schloß wurde gestürmt, ein Clan starb aus, der Blitz schlug ein. Hellgewaschen von Sturm und Regen stehen die Mauern. Da ist der Felsen von Cashel, sich erhebend aus fruchtbarer Ebene, er trug Befestigungen seit vorgeschichtlicher Zeit durch die Jahrhunderte hindurch. Zwei Kirchen stehen ineinandergeschoben, dazu Rundturm und allerlei mittelalterliches Verteidigungswerk – durch Kirchenschiffe und Hallen streicht der Wind. Das Torhaus ist ausgebaut, damit es die Eintrittskartenverkäufer warm haben, ein paar Gerüste deuten darauf hin, daß das Restaurieren weitergehen soll. Die Arbeiter sind gerade fort. Touristen streifen durch die Ruinen, photographieren. Viel Platz ist innerhalb der Ringmauer, das einzige, das da oben «lebt», ist der Friedhof mit zwei frischen Gräbern. Vom Felsen aus, der natürlich den Namen des heiligen Patrick trägt, schaut man hinunter auf eine weitere Kirche, eine Abbey – Ruinen auch sie. Weitherum leuchtet das helle Grün gepflegter Weiden, ist das stumpfe Grün der Moore und Heideflächen verdrängt. Schwarzbuntes Rindvieh sorgt dafür, daß die europäischen Milchseen nicht versiegen, daß der Butterberg nicht schmilzt. Den irischen Bauern geht es gut dank Brüsseler Hilfen, sie bekommen Geld, wenn sie Vieh aufziehen oder abschlachten. Ruinen haben in Brüssel keine Lobby. Ein Dutzend Meilen südlich, in Cahir, versahen Denkmalschützer das Schloß wieder mit Dächern, zogen Fenster und Fußböden ein. In einem Seitengebäude läuft ein Filmchen über dieses Unternehmen und die Steinringe, Kreuze und Kirchenruinen im Umkreis. Aber was macht man mit einem ausgebauten Schloß? In einem Raum stehen ein Tisch und ein Armsessel, in einem anderen hängen drei Spieße an der Wand. Sechs Zimmer sind leer. Die Schritte hallen rasch hindurch.

Kollege Heinrich, eines hätte dich gefreut, könnte ich dir's noch erzählen: Kein einziges Mal in drei Wochen pfiff ein Düsenjäger über mich hin, ich sah keine Kaserne und nur einmal wenige Soldaten: behelmt schauten sie aus den Luken zweier gepanzerter Straßenfahrzeuge, das war nahe der nordirischen Grenze. Daß es Militär auf der Insel gibt, beweisen Briefmarken, die den Einsatz des irischen Kontigents in der UN-Friedenstruppe würdigen. Die 22-Pence-Marke für eine Postkarte in die Bundesrepublik erinnert an die Aktion im Kongo 1960. Zu deiner Zeit, verehrter Kollege, kostete derselbe postalische Dienst noch fünf Pence. Der Staat ist wenig sichtbar. Hier und da melden Schilder: Hier forstet Eire auf. Alle Zeitungen rügten auf der ersten Seite, der Ministerpräsident – Sie wissen, wie er heißt? – habe in einem Hotel ein Zimmer gebucht, dies aber rückgängig gemacht, nachdem er feststellen mußte, daß der Hotelier einer Oppositionspartei angehörte. Welch miserabler Stil! so wetterten die Kommentatoren. Man stelle sich vor, ein Schwergewicht in lila Anzug träte bei uns an die Rezeption und sagte: «Guten Tag, mein Name ist Kohl, hätten Sie vielleicht . . .»

Eines ist natürlich geblieben, der Regen. «Der Regen ist hier absolut, großartig und erschreckend.» In meinen drei Wochen regnete es drei Tage lang pausenlos, kein Tag blieb regenfrei. Manchmal wechselten eine Viertelstunde Schauer mit einer Viertelstunde ohne Schauer, fünf Minuten davon schien die Sonne. Die ersten drei Regenminuten sind wild, sie genügen, einen zu durchnässen, der kein Schutzdach findet oder die Plane nicht sofort über den Kopf bekommt. Nach einiger Zeit lernt man es, eine heranjagende Wolke zu berechnen: dreißig Sekunden noch! Zwanzig Schauer pro Tag sind keine Seltenheit. Auch wer vom Radsattel aus Irland tapfer genießt, muß damit fertig werden. Es sind nicht wenige, und zwei Drittel davon sind Mädchen. «Und wieviel Wasser sammelt sich über viertausend Kilometern Ozean, Wasser, das sich freut, endlich Menschen, endlich Häuser, endlich festes Land erreicht zu haben, nachdem es so lange nur ins Wasser, nur in sich selbst fiel. Kann es dem Regen schließlich Spaß machen, nur immer ins Wasser zu fallen?» Nun prasselt er auf irische, englische, französische, deutsche Mädchen, auf die Straße und füllt die Schlaglöcher, auf die Schafe, die sich hinter den Farn kauern, auf Kühe und Esel, die der Bö den Hintern zudrehen, ins Moor, auf die Hecken, das Blechdach. Dann hört er plötzlich auf. Zwischen den Bergen westlich kichert schon die nächste Wolke.

«Es gibt dieses Irland: wer aber hinfährt und es nicht findet, hat keine Ersatzansprüche an den Autor.» So heißt es im Vorspruch. Es gibt das Böllsche Irland nicht mehr, aber wer Ansprüche an ein friedfertiges, warmherziges, wunderschönes Stück Literatur erhebt, der genießt bei der Lektüre noch immer. Italien ist ja auch anders als zu Goethes Reisezeit, Swinemünde verwandelte sich seit Fontanes Kindertagen. Als Heinrich Böll gestorben war, suchten französische Journalisten nach seinem besten, wirkungsvollsten Werk. Sie konnten sich nicht einigen. Sein *liebenswertestes* Buch aber, da fiel ihnen Übereinstimmung leicht, sei sein «Irisches Tagebuch».

Es liest sich nirgends besser als vor Ort an einem Wind- und Wetterabend. Den Torf bitte immer einmal nachlegen. Man kann natürlich auch Whiskey dazu trinken.

In Gedanken an Zschopau und Pleiße

Erlebnisse von Tagen können sich ins Gedächtnis graben und abrufbereit bleiben: Venedig, Große Chinesische Mauer, Kilimandscharo. Gedankenreisen können in Minuten durch Jahre jagen. Die Kindheit: das Beste für einen Jungen davon: zwischen dem achten und dem zwölften Jahr, den Schürzenzipfeln mühsam entronnen, lesewütig. Jährlich eine Eroberung: durch den Fluß geschwommen, nicht vom Fahrrad gefallen, hundert Meter in sechzehn Sekunden gerannt, einen Drachen gebaut, der wirklich aufstieg, die erste Nacht im Zelt, so funktioniert das Radio, Kopfsprung vom Dreimeterbrett. Später die quälende Fragerei: Was willst du denn mal werden? Und die Aufregung mit den Mädchen.

Als ich neun war, machte mich die Wortverbindung «unterirdischer Gang» schaudern. Manche Gänge, so sagte es einer dem anderen, führten von unserer Kirche hinunter zur Gottesaubach, drei Kilometer lang, ein anderer hinauf zum Treppenhauer über zehn Kilometer. An vielen Hängen der Stadt waren Keller in den Stein gebrochen, darin lagerten Kartoffeln und Kohlen. Als der Bombenkrieg auch Sachsen bedrohte, wurde ein Stollensystem unter der Kirche freigelegt und mit elektrischem Licht und Sitzbänken versehen; die ersten Alarme boten Höhlenabenteuer. Später schlichen wir von einer Gruft aus in die feuchte Nacht, der Dünnste schob sich durch einen Spalt bis an den Abendmahlswein heran. Hinter Friedhofsbüschen spuckten wir das saure Zeug angewidert aus.

Mittweida kommt in der Geschichte nicht vor, hier tobte keine Schlacht, wurde kein König gekrönt oder gemeuchelt. Mal hausten die Hussiten, die Schweden, die Kaiserlichen, wie überall. Straßenzüge brannten ab und wurden aufgebaut. Aber diese Keller, Gänge, Löcher, diese Sagen, von einer Jungengeneration zur anderen weitergesponnen. Treppenhauer und Hengstbusch, so klang's geheimnisvoll, dort war schon im 12. Jahrhundert nach Erz gekratzt worden. Dicht neben die Löcher hatten die Bergleute ihre Hütten gestellt; Keramik und Knochen, Spinnwirtel und tönerne, glasierte Spielzeugpferdchen waren gefunden worden. Durch den Busch zwängten wir uns, suchten nach Mauerresten, Bingen, Mundlöchern. Ein Münzmeister aus Freiberg, stand in der Chronik, Nickel von Meideburg, zog mit dreißig Knappen herüber und schürfte im Bleiberg; wo dieser lag, weiß bis heute keiner.

Der Bergbau von Freiberg und Annaberg gehört zur Geschichte wie der vom Harz. Der zwischen Frankenberg und Mittweida schleppte sich hin, brach zusammen, flackerte auf, am Wolfsberg, am Faulen Hund. Immer wieder: Bürger schlossen sich zusammen, brachten Kapital auf, trieben Gänge vor, und manchmal war nach einem Jahr, nach dreißig, fünfzig Metern schon alles vorbei. Da machten sich Fälscher ans Werk: Um in den Besitz neuer Rechte zu kommen, behaupteten sie, Mittweida sei im 10. Jahrhundert ein Bergamt gewesen, sie warteten mit exakt klingenden statistischen Angaben auf: 164 Rottmeister, 164 Rabischaufseher und 5428 Bergleute seien beschäftigt gewesen; zwischen tatsächliche wurden erfundene Stollennamen hinterlistig gestreut; Stadtschreiber und Notar Schilling beglaubigte das hanebüchene Werk, doch trotz aller schlimmen Schlauheit bekam Mittweida das Bergrecht nicht. Aber in der Bergbaugeschichtsschreibung wurde das Lügenwerk zu einer fleißig ausgeschlachteten Quelle.

Nur die Grube Alte-Hoffnung-Erbstollen in Schönborn brachte Ertrag jahrzehntelang. In ihrem besten Jahr, 1867, wurden aus ihrem Erz vierzehneinhalb Zentner Silber, zehn Zentner Blei und sieben Zentner Kupfer gewonnen, der Hüttenprofit betrug fast achtzehntausend Mark. Aber der Silberpreis verfiel infolge überseeischen Angebots, das Wasser drückte immer mächtiger auf Stollen und Schächte, und das königliche Finanzministerium in Dresden schmetterte alle Zuschußanträge ab. So wurde 1885 der Bergbau auch in Schönborn eingestellt.

Das war die Stunde meines Großvaters Albert Loest. Aus Pommern war er gekommen, ein Bauernsohn, und hatte in Mittweida das Technikum besucht, er heiratete das schönste Mädchen der Weberstraße, als Gas- und Wasserwerksdirektor zapfte er die aufsteigenden Bergwerksfluten an und leitete sie ins städtische Netz. Drin im Berg fuhr er Kahn und ließ sich bei Fackelschein dabei photographieren, vollbärtig. Seinen Enkeln zeigte er das stählerne Tor mit den gekreuzten Hämmern darüber. Später gingen wir dort zum Tanz entlang auf dem Weg, auf dem die Erzloren zur Wäsche gezogen worden waren. Im Gasthof Schönborn jazzte Schulfreund Teddy mit seiner Gruppe, im Huthaus oben, nun Schule, lehrte der gewesene Schulfreund Punch. Jedesmal, wenn ich später nach Mittweida kam, spazierte ich hinaus zum Grubenwehr, wo die Zschopau schäumt, wo wir schwammen noch nach dem Krieg und wo heute Schmutzflocken auf dem Wasser treiben. Manchmal werden mir aus Mittweida Zeitungen nachgeschickt. Auch heute noch ist in Schönborn Schwoof, bitte «in tanzgerechter Kleidung». Im Saal hui, im Fluß pfui.

Was soll ich dir zeigen in Mittweida: Die Kirche, in deren Schatten ich aufwuchs, den dreieckigen Markt, auf dem das alte Pflaster jüngst erneuert wurde, die Ingenieurhochschule, zu meiner Zeit Technikum geheißen. Die Oberschule, die mich mit einem Notabitur in den Krieg entließ – heute muß man, will man abituriieren, mit dem Bus nach Frankenberg fahren. Das Grab der Eltern, der Großeltern. Die Gedankenreise muß durch viele Schichten hinab, bis sie bei kurzen Cordhosen und dem Koppel der Hitlerjugend, bei der grünweißen Führerschnur ankommt. Kürzlich saß ich in Bonn mit einem aus diesen Tagen, Jungstammführer damals, Viertelminister unterdessen, wir kramten hinunter, und als wir uns geeinigt hatten, daß es ein Fehler gewesen war, 1941 jenen und nicht diesen mit einer bestimmten HJ-Aufgabe betraut zu haben, schauten wir uns verdutzt an, als führe an der nächsten Kreuzung ein Querweg ins Neandertal.

An diesem Markt, im Amtsgericht, wurde Karl May zu vier Jahren Zuchthaus verurteilt wegen Diebstahls, Betrugs und Landstreicherei im Rückfall. Von hier führte ihn ein Gendarm zschopauabwärts nach Waldheim, an der Kette und zu Fuß, denn die Grüne Minna war noch nicht erfunden. In Waldheim riß May seine vier Jahre runter und beschloß, Schriftsteller zu werden. Max Hoelz, der vogtländische Anarchist, war Kinovorführer in Mittweida – ein bißchen Geschichte haben wir immerhin.

Die Zschopau kommt vom Fichtelberg, fließt an der Augustusburg und der Stadt Zschopau vorbei, einer der

Brutstätten des Motorrads, an Mittweida heran, wird langsamer und bleibt fast stehen hinter der Staumauer von Kriebstein. In den späten zwanziger Jahren wurde sie gebaut zum Hochwasserschutz und zur Gewinnung von Elektrizität. An ihren Ufern kann man wandern, Häuschen steht neben Häuschen, die Camping- und Parkplätze zogen den Staub und den Lärm der Massenerholung ins ehemals stille Tal. In den ersten Jahren blubberten Faulgase von den überschwemmten Wiesen hoch, auf dem Grund rollten die Steine, Schlamm setzte sich ab. Heute fahren die Motorboote schon nicht mehr so weit hinauf wie zu Anfang, der Stauraum wird kürzer, flacher, in den Buchten dringt Schilf vor. Schwächliche Baggerversuche wurden bald eingestellt, jetzt haben Planer und Rechner entschieden, daß es billiger wäre, eine neue Talsperre zu bauen, als die alte freizuhalten. In den siebziger Jahren wollte ich im «Eulenspiegel» darüber meinen Sarkasmus schütten, von der Redaktion erfuhr ich, das Schicksal der Kriebsteintalsperre gehöre zu den tabuisierten Themen: Auch dem satirischen Blatt der DDR-Hauptstadt sei es nicht gestattet, diesen Schlamm aufzurühren. «Eulenspiegel» spottet lieber über Salzfracht im Rhein und Ölpest vor Norderney.

Die Burg Kriebstein ist wie aus dem Bilderbuch, hoch oben auf dem Felsen, in meiner Kindheit waren noch Raubvögel ans Tor genagelt, der bösen Geister wegen. Sie wird mit teurer Mühe in gutem Stand gehalten, ein Museum ist drin, Kammermusiker fiedeln dann und wann. Die Restauratoren fanden tief unten alte Fresken. Wer Motorboot fuhr auf den sattbraunen Fluten, wer in der Großgaststätte sein Schnitzel ergatterte, wandert herauf ins Mittelalter. Dann macht er sich wieder nach Dresden und Leipzig oder Karl-Marx-Stadt davon.

In Gedanken fahre ich mit dem Fahrrad hinunter nach Rochlitz, wo ich im Sommer 1946 als Volontär meine erste Zeile schrieb, die gedruckt wurde. In den Dörfern, an den Feldern und Waldstücken hat sich seitdem nicht viel geändert. Hüglig ist die Landschaft, kurzweilig, und wenn ich mich in Osnabrück heute nicht in der Fremde fühle, dann auch, weil ich, nahebei im Wiehengebirge spazierend, denken kann: Das ist wie bei Zedlitz und Wiederau (dort wurde die Zetkin geboren). Von dort aus schaute ich bei klarem Wetter auf den Erzgebirgskamm, heute blicke ich auf den Teutoburger Wald. Der Rochlitzer Berg mit seinem Turm, natürlich waren wir als Kinder oben, und die Großeltern zeigten uns: Weit im Süden seht ihr Keilberg und Fichtelberg, und auf der anderen Seite den Buckel dort: Ich folgte dem weisenden Finger und hörte: Das ist das Völkerschlachtdenkmal von Leipzig.

Weiter mit dem Rad: Frohburg, dort stammt Guntram Vesper her, der gute Kollege, Borna, in der Nähe arbeitete ich auf dem Feld im Sommer nach dem Krieg, heute hat der Bagger die Braunkohle darunter gefressen, der Absetzer hat wieder Erde aufgeschüttet, Klee und Luzerne sollen Mutterboden schaffen, und sicherlich wird wieder Weizen blühen. Zum Himmel stinken die Werke von Böhlen und Espenhain, verpesten die Luft und haben längst alle Fische in Pleiße und Elster verrecken lassen. Die Atemluft wird knapp beim Anstieg hinter Magdeborn, ach nein, diese Straße gibt es ja gar nicht mehr, der Tagebau ist darüber hinweggeschwenkt, hat Dorf und Allee verschluckt. Autobahnbreit stößt die Piste über ausgekohltes Gelände vor, rechts und links liegen kalt und grau Mergel und Sand aus den Tiefen, der Wind läßt Staubfahnen von den Dünen wehen. Hierher führte ich Gäste aus der Bundesrepublik, als ich noch Leipziger war, ich zeigte ihnen die Förderbrücke, und wir schauten hinab in die Grube, in der ganz unten die schwarzen Flöze liegen. In den sechziger Jahren war die Braunkohle schon einmal totgesagt, Öl und Atomstrom hießen die Heilsbringer, heute ist die Braunkohle die Rettung der DDR vor einem unvorstellbaren Sturz.

Und wieder das Völkerschlachtdenkmal.

Drei Freunde möchte ich besuchen.

Wolfgang Wülff.

Carl-Friedrich Fürchtegott Vojciech Felix Alfred Linden.

Hans-Georg Haas.

Ich rechne nach, wie alt sie inzwischen sind. Wolfgang, Wölfchen, Wolfi, Wolf Wülff ist geboren 1949, als die real existierende Republik gegründet wurde, Freedi Linden, der Mann mit den vielen Vornamen wie Hadschi Halef Omar, im Oktober 1913; da wurde das Völkerschlachtdenkmal gerade eingeweiht. Er könnte gestorben sein, mein Freedi, nein, im Gefängnis nicht, in dem er seine lange Geschichte und die seiner Vorfahren, der Schlacht und des Denkmals erzählte. Sie haben ihn bestimmt bald hinausgelassen, die Genossen jener nicht gern genannten Institution. Vielleicht ist er in der weitläufigen Klinik südlich des Denkmals geblieben, nicht als Gefangener, sondern als Patient. Von ihm würde ich mir, auf einer Ruhebank, umstanden von Goldrute, das Denkmal im Blick, noch eine der vielen alten Geschichten erzählen lassen, von denen sein Herz überquoll. Einen Brief meiner Tochter werde ich ihm zeigen: Nach zwei Jahren in Köln, und dort in weiß Gott keinem aufgeputzten Viertel, sondern in Ehrenfeld, wo zur Hälfte Türken wohnen, war sie wieder in ihrer Geburtsstadt, und dann schrieb sie mir: «Am meisten hat mich beeindruckt, daß ich schon Bundi-Augen und -Ohren habe, mit denen ich eine Ruinenstadt wahrnahm, in der sich disziplinierte, sächsisch sprechende Menschen Mühe geben, trotz Verfall und Messe-Pomp (der den Verfall nur noch sichtbarer macht: an einem Haus mit sieben zerbrochenen Fenstern hängen sieben DDR-Fahnen) würdig zu leben. Und die Freunde dort bleiben weiterhin gute, wichtige Freunde. Durch die Straßen ging ich voller Entsetzen, in den Wohnungen saß ich voller Freude.» Würdest du verstehend nicken, Freedi? Mitleidig, trauervoll? Mach's gut, mein Alter, morgen besuch' ich dich wieder. Und was soll ich dir mitbringen aus dem Intershop, Zigarren oder Kaffee oder was sonst? Brauchst nischt, ich hab mir's gedacht. War'n Bundi-Gedanke, sei nicht bös.

Zu Wolfi Wülff steig' ich am Johannisplatz in den Trabbi, Margrid sitzt hinten. Matthias, ihr Junge, ist nicht mitgekommen, hat irgendwas mit seinen Freunden vor. Sabinchen – ich kenn sie noch nicht, nun geht sie schon zur Schule – sitzt neben Margrid; sie ist ein Jahr nach der Hochzeit dazugekommen. Wie geht's denn so? Mensch, Wolfgang, sag ich, was hab' ich wegen dir für Ärger gehabt! Weil du warst, wie du nun mal warst, weil ich die Narbe an deinem Hintern vom Hundebiß auf dem Leuschnerplatz nicht wegschminkte, weil du dich nicht zum Diplomer hochstrampeln wolltest, und weil du diesen Erfolgsmenschen mit Bauchansatz in der Schwimmhalle im Oktoberbeton einen Faschisten genannt hast. Und weil ich nicht über dich hergefallen bin. Von da an ging's bergab, da war das Tischtuch zerrissen zwischen der DDR und mir.

Hab' im Radio davon gehört, sagt Wolfi. Da fahren wir schon nach Osten aus Leipzig hinaus.

Natürlich hast du gemerkt, daß ich meine Romanfiguren besuche. Sie wären nicht ohne mich, und ich wäre anders ohne sie, wäre nicht zum Chronisten Leipzigs und Sachsens erklärt worden, hätte keine weißen Flecken der Beschreibung von DDR-Wirklichkeit getilgt. Mein Leben der letzten fünfzehn Jahre wäre stumpfer verlaufen ohne Wülff und die schönen Frauen Jutta und Brischidd, ohne seine Gedanken, die er zum Bezirkssekretär hinaufschickt, ohne seine Spintisiererei, Honecker säße dort oben zu Besuch. Und ohne meinen Freedi Linden, den Sprengmeister, den sie unten im Völkerschlachtdenkmal mit einer Flakgranate ertappten. Und ohne Dr. Haas, den Schriftsteller im Pech.

Ich weiß, wo du hinfährst, sag ich zu Wülff, nach Ammelshain. Er lacht: ist doch klar. Dann stehen wir am Rand des Steinbruchs, in dem ich so gern schwamm, wo er so gern geschwommen ist, wo sein blinder Freund den Kopfsprung wagte. Dort ging ich im Winter übers Eis, pflückte Brombeeren im Herbst. Dort wurde der Stein für Leipzigs Paläste und Pflaster gebrochen, die vulkanischen Kuppen wurden ausgehöhlt wie faule Zähne. In fünfzig Jahren seit der letzten Sprengung – Felix Linden war dabei – hat die Natur begonnen, sich das Menschenwerk zurückzuholen, hat die Felsen verwittert und Birkchen in die Ritzen getrieben. Wie im Wilden Westen ist es nun hier, wenigstens für unverwöhnte sächsische Augen, hier würden wir Karl-May-Festspiele spektakeln lassen. Diese alte Geschichte des Wolfgang Wülff, in der alles seinen Gang geht: «Wir schwammen durch den Steinbruch und wieder zurück, das Wasser war kalt und klar wie im Baikalsee. Wir regten uns über die Narren auf, die sich jetzt am Bagger, dieser Stinkbrühe, gegenseitig auf die Füße traten. Alle Leipziger, die jetzt nicht hier waren, nannten wir Idioten. Ich sann: Am Felsrand abends ein Feuer machen, Würste braten. Ein Mädchen neben sich haben und mit ihm still in die Büsche gehen.» Ich blicke Wülff verstohlen von der Seite an; fehlte bloß noch, daß uns jetzt die Tränen der Rührung in die Augen traten.

Ich stelle mir vor: Ich fahre nicht mit Wülffs zurück, die bleiben noch bißchen, sondern mit dem Triebwagen wie damals und komme auf dem Hauptbahnhof an. Ich erlebte ihn im Krieg und danach, als die Querhalle eingestürzt war und Holzbrücken über die Betontrümmer geschlagen waren, dort stieg ich am 1. April 1948 aus, um eine Stelle als Hilfsredakteur anzutreten. Am 25. September 1964 abermals, da war ich sieben Jahre fortgewesen, meist im Zuchthaus Bautzen. Von dort fuhr ich am 20. März 1981 fort mit einem Paß und einem Visum auf drei Jahre, aus denen, so steht zu vermuten, der Rest des Lebens werden wird. Am schönsten war es auf dem Bahnhof an Sommersonntagabenden, wenn Tausende Leipziger heimkehrten nach einem Tag in Luft und Licht, im Wald, im Garten, am Wasser, bepackt mit Gemüse und Obst und Blumen, die Kinder mit Rohrkolben, müde vom Spielen. Gebräunt alle und erschöpft und glücklich, und dann waren sie in die Straßenbahn gestiegen und in ihre alten und neuen Viertel davongefahren.

Außer mir schrieben und schreiben über diese Stadt

Wolfgang U. Schütte und Bernd-Lutz Lange, der eine kam aus dem Thüringer Wald, der andere aus Zwickau. Diese Stadt ist erledigt, sagte ich zu ihnen, zu lange ist zu wenig getan worden, und die Gifte aus den Kraftwerken und Chemiebetrieben ringsum, aus hunderttausend Kachelöfen werden ihr den Rest geben. Die zwei widersprachen, sie blieben dort und fördern Leipziger Geschichten zutage und besingen die Gegenwart. Ein Zeitschriftchen geben sie heraus, «Der kleine Drache», erinnernd an das respektable Blatt «Der Drache», das von 1919 bis 1925 in Leipzig erschien; Hans Reimann und Hans Bauer waren die Herausgeber, für sie schrieben Erich Weinert, Erich Kästner, Helene Voigt und Fritz Hampel. «Kleine Kaffeehauskritik» heißt ein Feuilleton von Bernd-Lutz Lange, in dem er Leipzigs Kaffeehaustradition rühmt. Das Richtersche Kaffeehaus erwähnt er, in dem Bach mit Kollegen musizierte, den Kaffeebaum übergeht er diesmal, er kommt ja in jedem Reiseprospekt vor. Er preist das Café vis-à-vis in der Breitscheid-Straße und Café Barbakane in den Gewölben der Moritzbastei. Und dann: «Ein bedeutendes Leipziger Kaffeehaus fiel im Jahre 1968 der Spitzhacke zum Opfer. Reste der Ausstattung sind im jetzigen Corso am Neumarkt eingefügt worden, auch Tische blieben erhalten. Das alte Corso im Gewandgäßchen wäre heute in jedem Leipziger Stadtführer abgebildet, Reisegruppen würden hingeführt, um mit dem letzten Wiener Café der Jahrhundertwende auf dem Boden der DDR zu prahlen. Seit 1968 befindet sich auf dieser Stelle nebst dem begrünten Freisitz, den es dort gab, eine Baubaracke . . .» 1968, da wurde nahebei vor allem die alte Universität samt ihrer Kirche gesprengt und durch Beton ersetzt – mein Alfred Linden hat sein trauriges Lied davon schon gesungen. Was Lange da schreibt, nenne ich den Beginn einer Vergangenheitsbewältigung der DDR, hausgemacht, behutsam. Sachsen wissen: Mit dem Kopf kommt man schlecht durch die Wand.

Aus Israel bekam ich ein wundersames Buch geschickt, es ist nur dort erschienen. «Mein Leipzig» von S. J. Kreutner, «herausgegeben mit Beihilfe des Verbandes ehemaliger Leipziger in Israel.» Dr. Josef Burg, der Innenminister, hat ein Geleitwort vorangestellt. Es schildert die Geschichte der jüdischen Gemeinde Leipzigs von der Einwanderung an. Über das Kommen und Gehen jüdischer Marktfahrer, Reisender und Hausierer berichtet es, für sie war der Hauptbahnhof der Punkt des Abfahrens und Wiederkommens, dazwischen wanderten sie von Dorf zu Dorf. Sie schlugen sich herum mit der Unbill des Wetters, der Härte von Bäuerinnen und Bauern, mit der Willkür von Gendarmen. Ist gut verkauft worden, kann der Lebensunterhalt der Familie bestritten werden, kann das Schulgeld für die Kinder bezahlt, das Dienstmädchen, das bei Abwesenheit der Hausfrau den Haushalt führt, entlohnt und können Schulden beglichen werden. Ist aber nicht gut verkauft . . .

Ich gehe durch Brühl und Nikolaistraße, immer noch wird mit Pelzen gehandelt, werden in Hinterhöfen Pelze zugerichtet. «Der Name Brühl ist slawischen Ursprungs und bedeutet Sumpf. Aus diesem Grunde fand es die Stadt angemessen, dort ihre jüdischen Gäste unterzubringen, mit deren Abgaben sie ihre Taschen während der Messe füllte und die sie anwies, nach Ablauf der Messezeit die Stadt schleunigst zu verlassen.» An die fünfhundert Familien, die meisten Juden, hatten den größten Pelzhandel der Welt organisiert und leiteten ihn, etwa zweihundert Makler und Vertreter kamen hinzu. Sie waren gegliedert in «Könige», «Fürsten» und «Grafen», sie fuhren in Kutschen und Autos aus den Vororten heran, besahen die Warenberge, gingen in ihre Kontore, an die Telephone oder gleich ins Café, denn auch von dort konnte man Geschäfte betreiben. Einer der erfolgreichsten hieß Chaim Eitigon. Er wanderte aus Rußland ein, gründete eine Pelzfirma und ließ aus seinen Gewinnen die Gemeindesynagoge in der Otto-Schill-Straße bauen und dazu noch das Eitigon-Krankenhaus.

Fünfzehntausend Seelen zählte die Religionsgemeinschaft «Mein Leipzig» in ihrer Blütezeit; in zwei Straßen waren Geschäfte konzentriert, in denen sie einkauften, am Ranstetter Steinweg, der nach Westen hinausführte, und in der Nordstraße, beide flankierten das elegante Waldstraßenviertel, das sich zum Rosental erstreckte. Nichts mehr deutet dort auf die koscheren Fleischereien und Delikatessengeschäfte hin, dafür haben die Nazis gründlich gesorgt. Im Büchlein steht: «Die Schächter, ob sie Vieh oder Geflügel schächteten, hatten ein gutes Auskommen von ihrem Berufe, der sie nur während ein oder zwei Tage in der Woche beschäftigte. Einigen der Schächter wurden von der Gemeinde auch andere Aufgaben zugeteilt wie Kantoren- oder Beschneidungspflichten, doch auch mit diesen hatten sie genügend Freizeit. Sie kleideten sich mit peinlicher Sorgfalt und gaben viel Acht auf ihre Bärte. Die Schächter von ‹Mein Leipzig› genossen großes Ansehen in den Synagogen, in denen sie beteten und auf jeder Feier, an welcher sie teilnahmen.» Erführe Wolfgang U. Schütte, daß es in Israel dieses Buch gibt, würde er viel

Energie verwenden, um dafür Papier und das aufzutreiben, was man in der DDR «Druckereikapazität» nennt. Es würde den Leipzigern Leipziger Geschichte begreifbarer machen.

Vom Waldstraßenviertel brauchten wir nur durch ein paar Straßen zu gehen – wir können einen kleinen Bogen schlagen, in Leipzig «Umbogen» geheißen, damit es ja nur richtig deutlich wird –, und kämen am Geburtshaus Walter Ulbrichts vorbei, den sein Nachfolger sofort für gut zehn Jahre zur Unperson machte, und fänden die erste Schrebergartensiedlung der Welt. In Leipzig wohnt ein singender und textender Arzt, Kurt Demmler, eines seiner Lieder handelt von einem Mann, dem der Arzt empfiehlt, des Herzens und des Kreislaufs wegen Erholung in einem Schrebergarten zu suchen, so läuft er von Behörde zu Behörde: Ham Se nich 'nen Schrebergarten? Er kippt auf dem langen Marsch durch die Instanzen aus den Latschen; als er aus der Ohnmacht zu sich kommt, empfiehlt der Arzt: Nehm Se sich doch 'nen ...

Dr. Gottlob Schreber war Leipziger. Seine Idee erhält im Zeitalter der Wohnsilos beharrlich Nahrung: Wer balkonlos im elften Stock wohnt, sehnt sich nach einem Stückchen Rasen mit einem Baum darüber, will mit eigenen Händen Stiefmütterchen in echte alte Erde pflanzen. Der Verband der Kleingärtner, Siedler und Kleintierzüchter der DDR zählt mehr als eine Million Mitglieder, stärker ist nur noch der Gewerkschaftsbund; in Leipzig gehören diesem Verband 55 000 Bürger an, das heißt, etwa jeder zehnte Einwohner. Leipzig ohne Schrebergärten – eine absurde Vorstellung.

Zunächst war und ist das eine Sache der Industriearbeiter. Von Frühling bis Spätherbst ein gewohntes

Bild: Wer seine Arbeit an der Drehbank, dem Gießofen, der Druckpresse hinter sich hat, steigt aufs Rad und fährt erst einmal in den Garten, durch Schluppen und Nebenstraßen, einen Korb oder den Rucksack auf dem Gepäckträger. Im Garten ist Stille, verhältnismäßig gute Luft, dort quatscht einen keiner an. Die Hektik ist vorbei, der Krach eben mit dem Meister verliert an Gewicht. Eine Zaunlatte ist locker, Mist muß an die Erdbeeren, Unkraut wuchert – Pflanzen, Hacken, Verschneiden, schließlich die Ernte. Hier und da stehen Hollywood-Schaukeln, typisch sind sie nicht; ein echter Kleingärtner hat für so was gar keine Zeit, er wird sowieso nie fertig. Und er braucht alles, Ziegel, Holz und Dachpappe, Nägel, Drahtgeflecht, Farbe, jegliches Handwerkszeug, Zaunpfosten. Er hält im Betrieb die Augen offen, manches fällt ab, manches fällt nicht so ohne weiteres ab. Der Kleingärtner sucht Erholung durch gegensätzliche Arbeit, nicht durch Faulenzen.

Zu einer «Sparte», einer Anlage, gehören hundert, zweihundert Gevierte, 150 bis 300 Quadratmeter groß, im Zentrum ein Heim mit Kantine, an den Toren steht: «Sonnenglück», «Neues Leben», «Pleißenaue». Die Mitglieder wählen einen Vorstand, der hält Sitzungen ab, beschafft Dünger und organisiert die Abnahme von Obst und Gemüse durch den Handel, er wacht, daß keine Hunde bellen, daß die Kaninchenplage in Grenzen gehalten wird und lädt Mitglieder vor: Wo zu Weihnachten noch Bohnen hängen und im Frühjahr noch Laub liegt, werden mahnende Worte gesprochen. Wo diese nicht fruchten, wird die Kündigung nahegelegt oder ausgesprochen. Auf jeden freien Garten warten sieben bis zehn Bewerber, manche schon jahrelang.

Ham Se nich 'nen Schrebergarten? Der Vorstand organisiert Kinderfeste mit Lampionumzug, Schweineschlachten, Busfahrt zur Sixtinischen Madonna nach Dresden und Lichtbildervortrag des Spartenmitglieds Müller, Paul, über seinen Aufenthalt als Monteur in Ägypten. Boden ist knapp, dennoch entsteht hier und da eine neue Anlage. Man kann potentiellen Kleingärtnern das ödeste Ödland zuweisen, übersät mit Schutt und Schrott und von der Goldrute verseucht, sie werden in ein paar Jahren daraus ein Paradies erschuften. Autos bleiben draußen. Ein bißchen Rasen, ein Buddelplätzchen für das Kind. Abends kommt der Nachbar rüber zum Bier.

Es gab eine Tendenz, den Laubenpieper, wie der Berliner sagt, als eigenbrötlerisch, engstirnig und verspießert abzuqualifizieren. Die Wertung ist hurtig dabei, sich umzukehren: Der moderne Leipziger besitzt neben einer Neubauwohnung, einem Trabant und einem Einzelkind auch einen Schrebergarten. Auf die Wohnung und den Trabbi muß er ebensolange warten wie auf den Schrebergarten, in der Regel zehn Jahre. Mit dem Kind geht es auch heute noch schneller.

Mich schmerzte, als ich in Leipzig lebte, der Verfall meiner Stadt, ich mußte nicht erst mit den Augen eines Bundesbürgers sehen lernen. Jetzt beschaue ich den Bildband von Renate und Roger Rössing: «Leipzig in Farbe», erschienen bei Brockhaus. An der Straßengabel Kochstraße – Karl-Liebknecht-Straße, oft photographiert, das Eckhaus: grindig der Putz, von allen Fensterrahmen ist die Farbe geblättert. «Alte Häuser am Brühl», so alt sind sie gar nicht, bloß so verkommen. Neben schmucker Teestube am Thomaskirchhof rostet ein Lichtmast, ein Kabel hängt lose durch, wer zapft da

Strom? Immer wieder dieser Effekt: Wo etwas in Ordnung gebracht ist, fällt das Vergammelte daneben erst richtig auf. Dieser verschlammte Kanal in Plagwitz. Ecke Schumannstraße – Lindenthaler Straße: Dort hab' ich gewohnt Ende der vierziger Jahre, dort ist alles, wie es war, nur von der Reklame aus den zwanziger Jahren am Giebel, hinter dem mein Bett stand, ist nun fast aller Putz gefallen. Eine neue Schule, photographiert durch Unkrautdschungel. Kinder haben eine Garagenwand bemalt – dreckig das Dach darüber, brüchig der Weg davor. «Neue Farben in der alten Hainstraße» – das stimmt fürs Erdgeschoß, für den ersten Stock hat die Farbe schon nicht mehr gereicht. Eine Bildunterschrift wagt leisen Sarkasmus: «Man weiß es vom Hörensagen, das Hotel mit dem höchsten Niveau.» Das Hotel Merkur nämlich, reserviert für Gäste, die mit harter Währung zahlen.

Aus Leipzig werden mir Zeitungen nachgeschickt. Ich lese: Ursula und Wolfgang Mattheuer, Grafikerin und Maler, stellen neue Arbeiten vor. An die fünfhundert Leipziger strömen an, nicht alle finden Einlaß, und da keine Lautsprecheranlage vorhanden ist, wird nur das Wenigste gehört.

Die Familie K. kam mit viel Gepäck am Hauptbahnhof an und mußte anderthalb Stunden auf ein Taxi warten.

Ein Direktor antwortet auf einen Leserbrief: «Die Gaststätte hat seit dem 6. 3. 85 geöffnet und arbeitet gemäß Versorgungsauftrag ab 1. 6. bis 15. 9. 85 nur noch mit einem Ruhetag. Grund der gegebenen materiell-technischen Voraussetzung kann unter Berücksichtigung der Wahrung von Ordnung und Sicherheit momentan kein weiterer Ruhetagsabbau erfolgen.»

Rathausgespräch: Seit 1971 wurden in Leipzig 900 Eigenheime gebaut, davon 40 im Jahre 1985.

Die Reichsbahn: «Uns Eisenbahnern bereitet der schlechte Zustand der Sauberkeit unserer S-Bahnzüge schon seit längerer Zeit große Sorge. Aufgrund unserer – vor allem im Bereich der Reisezugwagenreinigung – sehr schwierigen Arbeitskräftelage, können wir leider nicht immer . . .»

Zum fünfhundertfünfzigsten Mal leitet Kurt Masur das Gewandhausorchester bei einem Auslandskonzert, das geschah in Wien.

Der berühmte Fürstenerker nimmt Gestalt an: Kollegen vom VEB Denkmalspflege montieren den nach Bruchstücken rekonstruierten historischen Erker an einem Neubau in der Grimaischen Straße.

«Am Ostplatz fehlt seit Wochen eine Scheibe im Telephonhäuschen. Was gedenkt die Post zu tun?»

Peter Härtling liest in der Buchhandlung Franz-Mehring-Haus.

Tausche Trabant 6ol, Baujahr 70, neue komplette Karosserie und GR 8000.–, gegen Wohnanhänger QEK-Junior mit Wertausgleich.

Junger Mann sucht möbl. Zimmer (nichterfaßt) Hilfe im Haush. zuges. Berufl. Fähigk. als Maler vorh.

Mein Leipzig – manchmal träume ich, Leipzigs Stadtbaumeister zu sein und über unendliche Mittel zu verfügen. Aufs Uni-Hochhaus stelle ich mich und weise gebieterisch auf die Baulücken: Dorthin zwischen Neuem Rathaus und der Grimmaischen Straße ein Parkhaus, drei Stockwerke in die Erde und sechs drüber. Weg mit dem Allerweltsklotz des Messeamts am Markt und Häuser im alten Stil gebaut, wie sie das Bombenfeuer von 1943 gefressen. Der Hainstraße ihr altes Gesicht, da klagen ja noch Ruinen am Dittrichring. Und sollte nicht einmal eine U-Bahn gebaut werden zwischen Hauptbahnhof und Bayerischem Bahnhof? Mein Traum fasert auf, schwindlig wird mir, wo beginnen?

Einer der am heißesten liebenden Leipzig-Patrioten ist Dieter Zimmer, Fernsehredakteur beim ZDF, aufgewachsen in Gohlis, jetzt wohnhaft in Wiesbaden. Auf seinem Balkon steht eine alte Gaslaterne, er hat sie von einem Belgier erworben, der ausrangierte Straßenlampen in Leipzig zum besseren Schrottpreis aufkauft, herrichtet und westlicher Welt gewinnbringend offeriert. Zimmer hat an die tausend Leipzig-Postkarten in mächtigen Alben verwahrt, auf Flohmärkten fahndet und feilscht er – seine Sammlung dürfte reichhaltiger sein als selbst die von Bernd-Lutz Lange. Er drehte einen Film über sein altes Viertel, seither darf er zwar noch anderwärts in der DDR seiner Televisionsarbeit nachgehen, nicht aber in seiner Heimatstadt – «die örtlichen Organe» fanden zu viel Haare in seiner Suppe.

Aus Leipzig stammt Heinz Maegerlein, «Leipzig so wie es war», nannte er einen Band mit vielen alten Photos. Ach, da ist ja auch eine Aufnahme der «Kümmel-Apotheke» am Eutritzscher Markt, in der ich mir nach dem Krieg mit Hilfe von Gose brüllende Kopfschmerzen antrank. Das Haus ist abgerissen worden, die Gose wurde wegrationalisiert. Jetzt «forscht» eine Arbeitsgruppe im Kulturbund nach Goserezepten, Goseflaschen. Freedi Linden erzählt so: «Die Brauanlagen waren verbraucht, es war umständlich, spezielle Flaschen und Gläser bereitzustellen – also fort damit! Ich hoffe nicht, daß der, der schließlich vorschlug, das Gosebrauen einzustellen, dafür eine Neuererprämie kassiert hat. Flaschen und Gläser flogen in die Ecke, Ströme von Sternburg-Hell und Silberpils flossen künftig aus allen Hähnen. Nur alte Männer erinnern sich. Hätte damals ein Mächtiger ein Machtwort gesprochen, alles wäre anders gekommen. Wäre Ulbricht ein Liebhaber der Gose gewesen – aber er war natürlich viel zu asketisch. Gose als bodenständiges Gebräu, beliebt bei Proletariern, schon der alte Liebknecht ... – an Argumenten hätte es nicht gefehlt. Die Gose wird niemals wiederkommen.» Der Leipziger, der in Maegerleins Band blättert, wird von Wehmut verfolgt: Wie viel ist durch den Krieg zerstört worden, wie viel ging danach zugrunde durch Mangel, falsche Baupolitik und Nichtachtung; der Alte Johannisfriedhof wurde jahrzehntelang dem Verfall überlassen, der Neue Johannisfriedhof radikal abgeräumt. Wer auch immer nach dem Krieg Leipzig-Bände zusammengestellt hat: ein jeder fürchtete sich, Leipzigs Straßen überschwemmt von Hitlerfahnen und Braunhemden zu zeigen; doch die Bomben fielen ja erst, nachdem die Synagogen verbrannten (ein Photo der Synagoge hätte in Maegerleins Buch auch noch Platz gefunden). Immerhin: «Das Mendelssohn-Bartholdy-Denkmal vor dem Gewandhaus, das 1936 über Nacht entfernt wurde.» Von wem? In einem Kriegsbuch sah ich diese Photos: Der Oberbürgermeister, der sich in seinem Dienstzimmer erschossen hat, bevor die Amerikaner kamen. Ein deutscher Soldat, kopfüber hingestreckt auf dem Damm des Völkerschlachtdenkmals, umgekommen eine Stunde, bevor die Waffen schwiegen. Freedi Linden kam ja damals gerade davon.

Das Prunkstück Leipzigs der letzten Jahre bleibt in meiner Gedankenreise blaß, das Gewandhaus am Karl-

Marx-Platz existierte vor meiner Abreise noch nicht. Es ist Abend, ich stehe davor, mein Abonnement ist natürlich erloschen. Durch die Fenster sehe ich die wandhohen Malereien undeutlich, verzerrt – die kenne ich aus dem Fernsehen. Ich denke an die Bauwitze, die sich die Leipziger hierherum erlaubt haben. In der Uni hängt eine Malerei Tübkes, die Geschichte der Universität verklärend – nur steht eine Säule so dicht davor, daß man immer nur einen Teil wahrnehmen kann. Als die alte Universität abgerissen wurde, barg man das Schinkeltor, vergaß es und klebte es – es kam ein Schinkeljahr –, irgendwo an der Rückseite der Seminargebäude dann doch funktionslos an. Als der Einfall aus den Wolken purzelte, man könnte ja Klingers Beethovenaltar im neuen Gewandhaus unterbringen, er sich aber als reichlich hoch erwies, grub man einfach in einem Foyer den Fußboden tiefer – das ist schon beinahe genial. Und den vielgeschmähten Mendebrunnen plante man aus und ein und hin und her und setzte ihn dann doch an die alte Stelle und beförderte ihn vom Kitsch zum «aus seiner Zeit heraus erklärbaren Wahrzeichen». Oh, wäre ich Stadtbaumeister, nie wäre . . . Freedi Linden, denke ich und bemühe mich um Demut, wir beide.

Wohin – und dann kommt die Angst. Ich könnte mich in der «Pfeffermühle» in die Klause drücken und ein Bier bestellen – wie würde Arthur, der Wirt, dann gucken? Und kämen die alten Freunde auf mich zu oder kämen sie nicht; unsereiner sollte niemanden in eine peinliche Lage bringen. Ziemlich leicht ist es, zur Messe nach Leipzig vorzudringen – soll ich durchs Buchmessehaus schlendern, wo ich viele kenne, wo mich viele kennen? Wer, guter Genosse, alter Kollege, weiß denn schon, ob er mir die Hand geben soll? Freunde besuchen und feststellen: Die sind auch fünf Jahre älter geworden? Und was werden sie denken: Er ist nun auch fünf Jahre älter, der Erich.

Ich hab's nicht versucht, nach Leipzig zu kommen in diesen fünf Jahren, obwohl das Heimweh manchmal plackte, kratzte und biß. In Gedanken wandere ich die Leninstraße hinaus, blicke in die Oststraße: In der Nummer 5 hing ein Vierteljahrhundert lang mein Türschild. Die große Tafel im Haus, die alle Mieter, den Staßenbeauftragten und das VP-Revier nennt, ist mir auf verschlungenen Wegen nachgereist – die werd' ich dem Dieter Zimmer zeigen, der wird Augen machen, so was hat er nämlich nicht. An der Schönbachstraße werde ich schauen, wie groß die Bäume geworden sind, die ich dort pflanzte. Dabei half mir ein Westbesucher, Professor Heinrich Mohr aus Osnabrück, und als kluge Kinder zitierten wir: Wenn morgen die Welt unterginge, so würden wir heute noch einen Sohn zeugen und einen Baum pflanzen. Wir beließen's beim Baum. Und danach gehe ich durch vertraute Straßen von Stötteritz zum Völkerschlachtdenkmal hinauf und schaue von dort über die Stadt.

Statt dessen lese ich in einer Zeitung, die mir geschickt wurde:

«Der Rat des Stadtbezirks Südost, Abt. Handel und Versorgung, beantwortete die Anfrage der Leserin Carola K. vom 3. Mai, betreffs geringe Anzahl von Fischgeschäften in Stötteritz. U. a. heißt es da: Es wurde festgelegt, daß die Sortimente Fischkonserven und Marinaden in der Verkaufsstelle Wasserturmstraße 1 gehandelt und die Versorgung mit Frischfisch im Bereich Stötteritz auf die Verkaufsstelle Ferdinand-Jost-Straße konzentriert werden. Seit dem IV. Quartal gibt es in der Verkaufsstelle Ferdinand-Jost-Straße Probleme mit der personellen Besetzung, die zu Auseinandersetzungen mit dem Handelsbetrieb (WtB) und zu wiederholten Schließungen bzw. Einschränkungen der Ladenöffnungszeiten führten. Das Objekt ist nunmehr seit April wieder versorgungswirksam, und das Angebot an Frischfisch wird verstärkt in die Kontrollen des Fachorgans einbezogen. In Auswertung der berechtigten kritischen Hinweise der Bürgerin K. ist der Ve EHB (HO) WtB – Fisch beauftragt worden, seiner Verantwortung für die Versorgung der Bevölkerung mit Fisch im Bereich Stötteritz in vollem Unfang gerecht zu werden, und wir werden künftig Einfluß auf stabile Öffnungszeiten nehmen.»

Natürlich könnte ich Wolfgang Wülff, den Ingenieur aus «Es geht seinen Gang», auch nachts um drei aus dem Bett klingeln. Freedi Linden aus «Völkerschlachtdenkmal», nun im dreiundsiebzigsten Jahr, schläft wohlbehütet hinter Klinikmauern. Dr. Hans-Georg Haas aus «Zwiebelmuster» steht noch auf meiner Besuchsliste. Kläre, seine Frau, würde ich mit Vergnügen zu Kaffee und Sekt einladen, sie war ja immer dieser Familie besserer Teil. Aber den Schriftsteller Haas – sein Nervenkostüm haben die Ärzte wieder zusammengeflickt, er hat das große Buch über Meißner Porzellan geschrieben, und nun – auf einmal fällt mir ein, was er inzwischen sein könnte: Direktor des Literaturinstituts. Zu den ersten Schülern zählte ich im Herbst 1955, zwei Jahre später flog ich in diesem Haus aus der Partei – draußen standen schon die Genossen Bullen. Haas wäre geeignet für diesen Posten, meine ich, er hat, als ihn die eigenen Leute ins Kreuz schlugen, den Buckel gehörig krumm gemacht, er wird nie mehr aufmucken. Die eigenen Narben haben ihn behutsam werden lassen im Umgang mit der Macht – Scharfmacherei ist von ihm nicht zu befürchten. Er könnte dieses Haus und seine Studenten durch die klugen und faulen Kompromisse hindurchführen, ohne die in der DDR keine Literatur und kein sogenanntes literarisches Leben möglich sind, er dürfte bei seinen Studenten nicht schlecht gelitten sein. Bei der Bezirksleitung der SED schon gar nicht.

Dr. Hans-Georg Haas besuchen – ach, lieber nicht. Und wer weiß, ob er mich empfangen würde.

Stille Rückkehr eines Werwolfs

Nach Weiden in der Oberpfalz müßte ich noch einmal, ich hab' es vierzig Jahre lang gewußt. Ich rattere mit der Bundesbahn hinauf von Nürnberg aus. Nicht lange ist die Landschaft flach, dann unterbrechen schrundige Felsen, die Strecke steigt an. Erst sind alle Plätze besetzt mit Frauen und Männern, die von der Arbeit kamen. An jedem Bahnhof tröpfelt der Zug leerer. Vor Weiden bin ich allein.

Das war einmal eine kleine Stadt am Rande der Naab; Handelsstraßen, die immer wieder zu Heerstraßen wurden, kreuzten sich, weiter ging's nach Böhmen und dem sächsischen Vogtland. Es ist noch leicht zu erkennen, wo die Mauern verliefen, die Tore standen, in eines hinein hat man halb und halb ein Hotel gebaut, rund und dick ist eine Mauer des Speiseraums. Die mittelalterlichen Weidener zapften die Naab an und ließen Wasser durch die Stadt und sogar mitten durchs Rathaus rinnen, nützlich fürs liebe Vieh, für die Wäsche und letztlich gewiß auch zu WC-Zwecken. Lang, an den Enden zugespitzt, in der Mitte bauchig das Rathaus umschließend, streckt sich der Markt von einem Tor zum anderen. In Maitagen kann man an den Ständen Gemüse und Blumen kaufen und auch junge Enten und Gänse, auf daß man sie Weihnachten entgegenfüttere im Zwinger hinter dem Haus – da weiß man dann, was man in der Pfanne hat. Ein Hauch von Ackerbürgerstadt liegt über den Gassen: Wo früher Pferde standen, rastet heute das Auto. Das übrige: Fabriken, manche weit bekannt, Kaufhäuser, neue Viertel, kreuzungsfreies Straßengeschlinge nahebei. Ein Kaufhaus war einmal Kino und gehörte der Familie Spitz; ganz alte Weidener sagen noch, wenn sie das Haus meinen: «Spitzkino». Ein Zweig der Familie wanderte nach den USA aus, ein Nachkomme flog 1972 zurück und erschwamm sich in München einen Goldregen: Mark Spitz. Einen großen Sohn dieser Stadt kann man ihn nicht nennen, einen großen Großneffen dritten Grades vielleicht. Ein berühmter Musiker, Max Reger, wurde in der Nähe, in Brand bei Kemnath geboren, ihn ehrt Weiden in jährlichen Festkonzerten; sie verschlingen, einen Literaten muß das neidisch machen, einen Großteil des Kulturetats. Aber als Leipziger hat unsereiner dann gleich sein Trostpflaster: In Leipzig hat Reger gelernt und musiziert, und daselbst ist er schließlich auch gestorben.

Diese Gegend war nie durch Reichtum gesegnet, die Äcker sind steinig, die Winde rauh, kein Gold, keine Kohle liegt im Boden. Weiden war wichtiger Eisenbahnplatz von Nord nach Süd, von Dresden nach München. Jetzt wird Jahr für Jahr gebangt, daß die Bundesbahn ihr hiesiges Reparaturwerk stillegt. Die Arbeitslosenzahlen steigen. Die Oberpfalz war immer Auswanderungsgebiet; es ist wieder so: Wer clever und beweglich ist, wer sich was zutraut, macht sich davon. Weitherum ist keine Strecke elektrifiziert, auf Nebengleisen heulen die Diesel der alten Triebwagen, die kurz nach dem Krieg gebaut wurden; Blech rasselt, daß du dein Wort nicht verstehst. Es ist der traurige Kreislauf: Die Fahrgäste bleiben aus, die Strecke wird defizitärer und schließlich stillgelegt. Wer heute von Weiden aus verreisen will, rollt erst einmal mit dem eigenen Auto bis Nürnberg, dort steigt er in den Intercity um.

Aber die Straßen sind glatt, lockend. Über Vohenstrauß fahren wir nach Waidhaus, biegen nach Süden ein in Richtung Eslarn. Diese Straße bin ich schon einmal gefahren, mit dem Rad. Da war es heiterer April, vor einem Lagerschuppen standen Menschen diszipliniert Schlange mit Handwagen, ein Feldwebel am Tor verteilte, was von hinten herangekarrt wurde. Der Handwagen voll – der nächste. Der Wehrmachtsgefreite Fritz Gietzelt und ich hatten keine Zeit, uns einzureihen. Ein älterer Mann zerrte einen Großkarton mit Streichhölzern heim, einen Riesenwürfel. Da baten wir ihn, uns doch zwei Schachteln abzulassen. Er lehnte bedauernd ab: Wegen ein paar Schachteln könnte er doch den Karton nicht aufreißen.

Schönsee in der Oberpfalz hieß unser Ziel, die Wegweiser und den Himmel hielten wir im Blick, aus ihm konnten die Jabos stürzen. Hier und da ein ausgebranntes Fahrzeugwrack. Wir gierten, Werwölfe zu werden, Kämpfer bis fünf Minuten nach zwölf, rechneten uns zu den Zähesten, Besten, Treuesten und waren die Stupidesten, Dümmsten mit unseren neunzehn Jahren. Aus der Slowakei war unsere Ausbildungsformation, Heeres-Kleinkampfschule II hieß sie, nach Schönsee verlegt worden, dort sollten und wollten wir den letzten Schliff kriegen.

Vierzig Jahre später fahre ich wieder auf dieser Straße, diesmal im Auto eines Weidener Buchhändlers, mit von der Partie sind der Kulturamtsleiter dieser Stadt und ein Journalist, Photoapparat und Notizblock dienstbereit. In der Tasche steckt: «Durch die Erde ein Riß», darin wird vom Werwölfchen L. berichtet: «Wald über Hügeln und Tälern, im Wald schliefen sie und hoben Gruben aus, in denen sie Waffen und Munition, Lebensmittel und Schuhe, Zigaretten und Wolldecken versenkten. Die Vorräte, so wurde ihnen gesagt, waren auf ein halbes Jahr berechnet, und es würde erschossen, wer sich daran vergriff. Aber das nahmen sie nicht ernst: Eine Zwanzig-Liter-Milchkanne voller Kümmelschnaps vergruben sie nicht, sondern stellten sie ins Gebüsch, hin und wieder wallfahrteten sie dorthin und füllten ihre Feldflaschen, kümmelten bedächtig, und in heiterster Laune waren sie, als ihnen ein Oberleutnant mitteilte, der Sturmangriff der Sowjetarmee auf Berlin habe begonnen.

Nach Tagen harter Arbeit versammelte der Oberst seine Wölfe um sich und gab das Ziel bekannt: Diversionstätigkeit im Rücken des Feindes. ‹Wir werden kämpfen, bis die Amerikaner merken, daß wir nicht unterzukriegen sind, und sich mit uns gegen die Sowjets verbünden.› Er verlangte Lautlosigkeit, nichts durfte im Wald liegengelassen werden, keine Knäckebrotpackung, nicht einmal ein Streichholz. Er spitzte die Lippen zu einem Pfiff; so, sagte er, pfeife die Kohlmeise, das sei künftig ihr Erkennungszeichen. ‹Beweisen Sie, daß Sie Karl May nicht umsonst gelesen haben.›

Eines Nachmittags kamen die Amerikaner. Sie fingen drei Werwölfe, die auf einer Lichtung in der Sonne gesessen hatten. L. lag im Unterholz, sah Gamaschenschuhe ein paar Meter vor sich auf dem Weg, hielt die Maschinenpistole im Anschlag. Sein Herz klopfte, aber er tat nichts, das ohne Sinn gewesen wäre, und als die Amerikaner weitergezogen waren, als es wieder still geworden war im Wald, war er mit sich zufrieden: Sie waren von der Front überrollt, er war Werwolf, es gab kein Zurück.»

Die Landschaft ist lockerer, lieblicher als in Erinnerung. Immer wieder Felder, Karpfenteiche, kein Wald, der sich meilenweit streckt, unergründlich. Der Buchhändler hat Karten dabei, und ich denke mir: Wenn es die Amerikaner damals spitz gekriegt haben, daß da irgendwas im Busch war, mußten sie nach dem ersten flüchtigen Blick argwöhnen: Dort unten. Und genau dort steckten wir.

An einem Kneipchen lassen wir das Auto stehen, gehen an Äckern entlang und schauen hinüber zum Plößer Berg; über ihn verläuft die Grenze. Nach wenigen Schritten in den Wald hinein stoßen wir auf einen Weg, der nach einer Kurve zum Hohlweg wird, und ich erinnere mich sofort und berichte hastig meinen Gefährten: Als wir Waffen und Verpflegung in den Wald karrten, hatte man mir einen Panjewagen und zwei stämmige kleine Pferde anvertraut, irgendwo zwischen Lettland und der Krim erbeutet, die auf deutsche Befehle nicht hörten, ein Brrr! oder Hüh! unbeachtet ließen, aber schon beim Heben eines Steckens ins Springen kamen. Hier waren sie mit mir durchgegangen, mit Karacho den Hohlweg hinunter, ich hatte mich festgestemmt, festgeklammert, hätte die Beine oder das Genick gebrochen, wäre ich vom Kutscherbrett geflogen. Unten waren sie stehengeblieben, die Flanken naß und das Halsfell zitternd, die Augen angststarr. Das sei der Hohlweg, sage ich ohne Zögern – da stehen wir schon am Graben. Links, weiß ich, war die Mühle, rechts hatten wir Unterstände gewühlt, bereit zum Kämpfen und zum Siegen und natürlich, wenn nichts anders blieb, zum Untergang.

«Stille Rückkehr eines Werwolfs», überschrieb der Reporter der Zeitung «Der neue Tag» aus Weiden in der Oberpfalz seinen Bericht. «Ich war Werwolf. So blöd kann man nur sein, wenn man jung ist», zitierte er mich. Dann berichtete er weiter: «Den Spaten geschultert, an der Brust baumelt das Fernglas – ein anachronistischer Zug. Loest, nach vierzig Jahren wieder an kriegerischer Jugendstätte, wirkt betroffen und berührt. Seine Gefühle? ‹Nicht gut.›»

So finde ich also die Mühle wieder, an der wir ein paar Nächte hintereinander gewartet hatten, daß Kuriere anderer Werwolfbanden Verbindung zu uns suchten. Das Wasser rauschte, der Wind ließ Äste knarren, wir froren, schreckten auf, die Kulisse war wie in einem Gruselfilm. Der Journalist, der die Exkursion in die Vergangenheit dokumentierte, schrieb: «Auch heute rauscht der Bach, der verlassene Ort stimmt traurig. Erich Loest erinnert sich an Todesangst und Kälte. ‹Nie kam jemand. Bis zu jenem letzten Tag: Da krochen drei Männer in unser Dickicht, verstört, blaß und abgehetzt, Angst stand in ihren Augen. Die (Eslarner) Werwolfgruppe war von Amerikanern und ehemaligen KZ-Häftlingen mit Hunden aufgespürt worden. Eine Übermacht hatte sie aus den Löchern getrieben. Sie waren durchgebrochen, entkommen. Drei von dreißig.› Am Mühlenbach entlang stoßen wir nach einigen hundert Metern auf das Hauptlager. Loest eilt zielstrebig voran, mit traumwandlerischer Sicherheit. Er deutet auf Kuhlen im Boden, rechteckige Vertiefungen. ‹Wohnbunker für zwei Mann, obendrauf Bohlen mit Erde und Gras.› Hubert Schlegl und Bernhard M. Baron graben vermodertes Holz in lockerer Erde auf. Bestätigung.»

Eines hab' ich in «Durch die Erde ein Riß» nicht geschrieben. War es für mich nicht notierungswürdig, weil es Vorsatz blieb? Oder scheute ich die gedankliche Fortsetzung aus dem Plan ins Konkrete? Einmal in diesen Nächten schlichen wir, an die zehn Mann, auf das Haus des Försters oben an der Straße zu. In seinem Schuppen hatten wir Kartons mit Scho-Ka-Kola versteckt, einer Kostbarkeit, einer Köstlichkeit. «Wenn er die verscheuert hat, legen wir ihn um», sagte unser Häuptling. Wir alle, auch ich waren überzeugt, daß das richtig wäre: Ein Verräter verfiel der Feme; wir hatten ihn zu unserem Verbündeten gemacht, wenn er uns bestohlen hatte, würden wir ihn töten. Hätte ich den Befehl erhalten, diesen Mann zu erschießen – ich hätte es getan. Aber alles war noch da, jeder von uns lud sich einen Karton auf die Schulter und schleppte ihn hinunter ins Versteck. Unterwegs polkte ich den Karton an der Seite auf und klaute ein paar Packungen heraus. Darauf stand der Tod. In unserem Zweimannbunker erfuhr ich von meinem Kumpel, ihm sei dasselbe gelungen. Wer würde nachweisen können, daß nicht schon andere ihre Prozente beansprucht hatten?

Etwas anderes fällt mir an der Stätte möglicher Untat ein: Es muß die letzte Nacht unseres Werwolfdaseins gewesen sein, als der Kommandeur mitteilte, in einem Dorf in der Nähe paktiere ein Deutscher mit Fremdarbeitern und Amerikanern, diesen Verräter würden wir umlegen. Es wäre Lüge, sagte ich, in mir hätte sich dagegen etwas aufgebäumt, ich hätte den Befehl verweigert, wäre in die Nacht hinein verschwunden, hätte ich mit den anderen zum Haus des Kollaborateurs marschieren müssen. Ich habe niemanden umgebracht, aber das ist nicht mein Verdienst.

In «Durch die Erde ein Riß» steht: «Eines Tages mühten sich Gietzelt und L., ihr Loch auszubauen. Einer brach Erde los und schippte sie in einen Rucksack, der andere verteilte sie im Unterholz. Als L. gegen Mittag aus dem Loch kroch, flüsterte Gietzelt, es würde geschossen, in einer bestimmten Richtung, dort lag der Oberst. Sie steckten das Notwendigste in die Brotbeutel: Scho-Ka-Kola, Ölsardinen, Knäckebrot, MP-Magazine. Die Schießerei kam auf sie zu. Handgranaten barsten, dann war Stille, in sie hinein brüllte eine Stimme: ‹Werwölfe! Ergebt euch! Wer in zehn Minuten nicht herauskommt, wird erschossen!›»

Da war L. kein Moralist mehr, da glaubte er nicht, er müsse kämpfend untergehen, wie das Gesetz es befahl. Angst packte nach ihm, Lebensangst, Todesangst, da rissen er und Gietzelt ihre Tarnkombination herunter, damit sie schneller laufen könnten, krochen von dieser Stimme weg, die rief: ‹Alle rauskommen! Schreiner rauskommen! Loest rauskommen!› Sie krochen, fürchteten: Unten am Weg mußten Amerikaner lauern, mußten sie eingeschlossen haben. An diesen Weg schlichen sie heran, hielten die Maschinenpistolen vor, waren gefaßt, jeden Augenblick beschossen zu werden. Den Weg sahen sie, zwängten sich durch die letzten Fichten, sprangen gleichzeitig hinüber, bekamen kein Feuer, fielen ins Unterholz, hörten Schüsse weit hinten und noch immer diese Stimme, die Namen aufrief wie beim Jüngsten Gericht. Ohne Rücksicht auf Ästeprasseln rannten sie, stießen auf einen anderen Weg, hörten Rufe, Schritte, hoben Waffen und sahen: Da trieb ein Bauer eine Kuh. Hundert Meter hinter ihnen war noch Krieg, hier wurde eine Kuh zum Verkauf getrieben oder zum Tausch oder zum Bullen. Sie flohen weiter, die

Maschinenpistolen in angstschweißigen Händen und in der Brusttasche einen Zettel, auf dem stand, sie wären direkt dem OKH unterstellt. Sie keuchten auf den Berg hinauf, auf dem die Funker sitzen sollten. Dort, so war ihnen gesagt worden, wäre der Sammelpunkt, sollten sie versprengt werden.»

Ich steige wieder auf den Berg, Clemens Fütterer, der Berichterstatter der Weidener Zeitung, photographiert mich vor einem Schild, auf dem steht «Landesgrenze». Dort beginnt Böhmen, dort begannen die Felder des Dorfes Plöß, das nach der Aussiedlung der deutschen Bewohner zusammenfiel. Heute ist auf den Feldern Buschwerk aufgewachsen, schütterer Wald. Dort beginnt Böhmen, in das ich hineinfloh, durch das ich hindurch wollte nach Sachsen unters Dach der Eltern, immer noch die Maschinenpistole vor der Brust, das Messer am Koppel.

Alles ging noch gut: Die Amerikaner fingen uns, sperrten uns in Weiden hinter Stacheldraht und schickten uns nach wenigen Wochen heim. Achtunddreißig Jahre später habe ich Fritz Gietzelt wieder getroffen, da war er Bergwerksingenieur bei Aachen, wir haben von alten und neuen Zeiten geredet. «Hast du noch diese Narbe am Fuß?» hab' ich gefragt; da war ihm eine kleine dämliche belgische Pistole in der Tasche losgegangen. Wir haben geredet, als läge das alles erst ein paar Monate zurück. Dann haben er und seine Frau meinen Kindern, die gerade aus der DDR heraus und in unklarer Lage waren, wunderbar geholfen.

Diese Wälder, ich hab's immer gewußt: Da muß ich wieder hin. Jetzt raus aus diesem modrigen Grund, nach Schönsee hinauf, hinüber. Ich streife durch die Straßen, versuche mich zu erinnern, wo wir kampierten, wo immerzu Makkaroni und Gulasch gekocht wurden, wo unser Magazin gewesen ist. Ich finde mich nicht wieder zurecht.

Schönsee war eine Ackerbürgerstadt, ist in der Chronik zu lesen. Ende des 11. Jahrhunderts drangen bayrische Siedler herauf, rodeten, hackten. Burgen wurden gebaut, die wieder zerfielen, Reichenstein und Frauenstein. Von einer blieb nur der Stummel des Bergfrieds, in einer Beschreibung steht: «wie ein Troll, verdrossen, urgreisalt.» Das letzte Wort ist zu schade, daß man es überläse, man sollte diese dreifache Steigerung nachschmecken. Die Herrschaften wechselten, die Grenze zu Böhmen blieb «wie die Kugel rollt und die Wasser rinnen», also auf der Wasserscheide zwischen Donau und Elbe. Die Hussiten hausten, im Dreißigjährigen Krieg plünderten Freund und Feind, Mansfeldische, Schweden und Kaiserliche, die Stadt brannte ab, schließlich mordete die Pest. Trenck, der Pandur, ritt hier, und als Napoleon abzog, schweiften Kosaken.

Es ist wie in fast allen bundesdeutschen Chroniken dieser Art: Die Nazizeit findet nicht statt. Kein Bürgermeister wurde abgesetzt, keiner war Ortsgruppenleiter. SA marschierte nicht, nirgendwo war das Hitlerjugendheim, niemand wurde in «Schutzhaft» genommen und nach Flossenbürg oder Dachau geschleppt. Haben in Schönsee nie Juden gewohnt? Über die letzten Kriegstage notierte ein Gutsbesitzer aus Dietersberg:

«Vom 13. April 1945 an nahm tagelang (bei Nacht noch mehr als bei Tag) ein fast ununterbrochener Troß von Fahrzeugen verschiedenster Art auf der Eslarner Straße, von Thüringen und Sachsen kommend, seinen Weg über Schönsee, mit Soldatengepäck, Fourage, Munition, hie und da ein Geschütz dazwischen, selten ein

Wagen mit Mannschaft, viele Fahrzeuge mit Hitlerjungen, andere mit Wehrmachtshelferinnen, nicht wenige auch auf Fahrrädern oder zu Fuß. An den Ortseingängen von Schönsee waren Panzersperren errichtet worden. Bei den maßgeblichen Stellen der Stadt gab es zwei einander scharf entgegengesetzte Meinungen – Verteidigen oder Nichtverteidigen des Ortes. Am 23. April war im Schulhaus ein Lazarett für 150 Patienten eingerichtet worden. Dem entschiedenen Eintreten des Lazarettoberstabsarztes ist es zu verdanken, daß Schönsee zur Lazarettstadt erklärt und so viel Unglück ferngehalten wurde.

Noch einmal gab es ein belebtes Bild feldgrauer Uniformträger auf unseren Straßen – ein Bild, das einen noch traurigeren Anblick bot als der Rückzug des Trosses. In Frankfurt an der Oder war der «Volkssturm Franken» aufgelöst worden, und die Männer mußten zu Fuß mit einigen Gepäckwagen nach ihrem ehemaligen Standort Ansbach zurück – meist ältere, ermattete Leute. Etwa hundert kamen durch den Hof und baten um Brot und etwas zu trinken.

Am 25. April begann gegen neun Uhr von Norden her lebhaftes Schießen, Geschosse surrten durch die Luft. Eine halbe Stunde später schwärmte von der Eslarner Straße her amerikanische Infanterie durch den Wald über den Steinbühl herab nach Dietersdorf und besetzte den Ort. Kurz nach zehn Uhr rückten sechs schwere amerikanische Panzer auf der Eslarner Straße an. Andere schwere und leichtere Geschütze gruppierten sich zu beiden Seiten. Wieder andere waren zur Dietersdorfer Straße abgeschwenkt und hatten sich in Richtung Schönsee aufgestellt, und auch von Schwand und Gaisthal waren Panzer und andere Geschütze gegen Schönsee vorgerückt, so daß die Stadt von drei Seiten eingeschlossen war.

Lebhaftes Schießen entwickelte sich vor allem beim Karitashaus, das fünfzehn Einschläge erhielt. Neben dem örtlichen Volkssturm, in dem Sechzehnjährige neben Sechzigjährigen standen, waren zweihundert Mann einer sogenannten Panzervernichtungsbrigade im Ort. Ihr Kommandeur hatte trotz entschiedenen Einspruchs maßgebender Stellen durch seinen Befehl, die Waffen zu gebrauchen, Zusammenstöße mit den Amerikanern hervorgerufen. Ein Hauptmann und ein Unteroffizier der Gruppe kamen ums Leben, bei Friedrichshäng fanden im Zusammenhang mit den Kampfhandlungen zwei Frauen und ein Junge den Tod. Von drei weiteren Schwerverwundeten starben zwei im Lazarett zu Weiden.

Kurz vor elf Uhr kam die auf dem Hügel am Nordrand der Stadt aufgefahrene Kolonne wieder in Bewegung, Panzer und Geschütze rückten in die Stadt ein, wo allenthalben weiße Tücher ausgehängt wurden. Tagelang durfte niemand den Ort verlassen, innerhalb der Stadt gab es stark eingeschränkte Ausgehzeiten. Sämtliche Waffen, auch Erinnerungsstücke, mußten abgeliefert werden. Post und Bahn waren außer Betrieb.»

Vielleicht steht in einer erweiterten Auflage, daß zu dieser Zeit in den feuchten Gründen an der Polstermühle noch vierzig Werwolf-Idioten lauerten?

Schönsee heute: Die Jahresmitteltemperatur liegt knapp über sechs Grad Celsius, es gibt nur 140 frostfreie Tage im Jahr, und mit Frösten muß bis in den Juni hinein gerechnet werden. Die Böden erreichen auf der Skala von null bis neun gerade eine magere Zwei bis

Drei. Hafer und Kartoffeln kommen erst um den Maibeginn in den Boden, entsprechend spät ist die Ernte. Fast die Hälfte der Nutzfläche gehört zu Betrieben, die kleiner als fünf Hektar sind, da kann Flurbereinigung wenig ausrichten. An den Straßen stehen Schilder, auf denen zu lesen ist, der bayerische Bauer sei der ärmste der EG, und von Jahr zu Jahr gehe das Einkommen zurück. Wichtig war immer die Holzwirtschaft. Leineweber und Glasschleifer wurden längst verdrängt, die Hammerwerke an den Bachläufen, in denen Eisen erzeugt wurde, sind verstummt. Frauen verdienten durch Klöppeln hinzu, sogar eine Klöppelschule gab es einmal; auch das ist vorbei bis auf geringe Reste.

In den letzten beiden Jahrzehnten setzte auch Schönsee auf den Fremdenverkehr. Das ließ sich gut an, die Weite und Ruhe der Wälder lockten wie die vergleichsweise niedrigen Preise. Urlaub auf dem Bauernhof! Dann wurde heftig gebaut, in einem Tal zur böhmischen Grenze hin gar ein Skilift in einer langen, in den Wald gehauenen Schneise, einer steinigen, grindigen Narbe zur Sommerzeit. Natürlich mußten neue Straße und Parkplatz sein, dazu Sporthotel, neuerdings Sommerrodelbahn – Klamauk und Trubel also auch hier. In einem weiträumigen Hotel oberhalb Schönsees mit Blick über die Talschüssel, gebaut im Pseudo-Älpler-Stil, tirolerisch bemalt, schmuck und herzig, kitschig und landschaftsfremd, die Einrichtung sogenannt rustikal wie nie bei einem Bauern – Eichenfurnier und Rauhputz –, verzehre ich eine hervorragende Leberknödelsuppe. Alles um mich ist, als wären Louis Trenker und Gisela Hellwig gerade mal hindurchgejodelt. Wer hier gebaut, hat auf einen Geschmack gesetzt, der Baudenabende erträgt, und auf Zeiten, in denen es auf die Mark nicht ankommt. Jetzt stagnieren die Besucherzahlen, obwohl die Prospekte bunter werden. Ein verregneter Sommer, ein schneearmer Winter, und der Einbruch ist unvermeidlich.

Abends, am 8. Mai 1985, dem Tag, an dem vor vierzig Jahren die Waffen schwiegen, lese ich in der Schule von Schönsee. Ich habe es so gewollt und habe mich vor diesem Tag gefürchtet. Die Schule ist neu, hier und da sogar ungewöhnlich, sie hat an die sieben Millionen Mark gekostet. «Langsam zu groß für die wenigen Kinder», sagt der Direktor. Fast die Hälfte der Besucher sind Schüler, Jugendliche. Ein Dutzend Lehrer, Leute aus dem Städtchen. Ich lese: «In dieser Nacht sank die Temperatur unter den Gefrierpunkt; es fiel ein wenig eisvermischter Schnee. Sie wagten sich nicht in die schützenden Täler, weil sie fürchteten, sie könnten so einen ihrer Kameraden verfehlen. Sie froren bis ins Mark hinein und ersehnten in jeder Minute das Ende dieser höllischen Nacht. Als es hell wurde, strich ein Aufklärungsflugzeug über die Wipfel, sie hatten den Eindruck, über ihnen bliebe es fast stehen.»

Ich erzähle, wie es weitergegangen, wie es dazu gekommen war. Nein, ich war nicht zu dieser Einheit gezwungen worden, ich hatte mich freiwillig gemeldet. Ja, ich habe der Nazipropaganda bis zum letzten Tag geglaubt. Die Jungen haben Mühe, sich einzufühlen, manches verstehen sie nicht – wie verständlich das ist. Keine Frage klingt höhnisch, verletzend. Und keiner der Älteren steht mir bei, keiner sagt: Ja, ich war genauso. Diese Werwolfbande hatte doch Verbindung zu Leuten, die im Wald und an den Wegen wohnten, einer hat doch verpfiffen, daß da einer mit Amerikanern und Fremdarbeitern paktiere. Der Förster von damals – er ist lange tot. Und die anderen Werwölfe außer Gietzelt und mir, die nicht durchgebrochen sind, wurden sie niedergemacht im Kampf? Aber da müßten doch wohl Gräber sein. Köpfeschütteln. Für mich bleiben achtunddreißig Männer wie vom feuchten, lehmigen, steinigen Erdboden der Schönseer Wälder verschluckt.

Die Jungen fragen, die Älteren schweigen; allmählich komme ich mir vor wie der einzige blöde Nazi, den es bis zum 8. Mai 45 gegeben hat.

Am Ende bin ich zum Umfallen erschöpft. Ich mußte nach Schönsee, und es mußte am 8. Mai 85 sein. Nun bin ich dort gewesen.